DIGITAL
KRIMINELL
MENSCHLICH

JANA
RINGWALD

DIGITAL KRIMINELL MENSCHLICH

EINE CYBERSTAATSANWÄLTIN
ERMITTELT

MURMANN

INHALT

VORAB

Mein Name ist Jana Ringwald.
Ich bin Cyberstaatsanwältin.

Mein Beruf spielt sich im Verborgenen ab. Die Staatsanwaltschaft ist eine Behörde, die sich mit der kriminellen Welt anlegt.

Es ist meine persönliche Entscheidung, über meinen Beruf zu sprechen. Ich achte und respektiere, dass andere dies nicht tun.

Dieses Buch ist meinem Leben als Cyberstaatsanwältin entlehnt. Es gibt meine Erfahrungen wieder, meine Ansichten und meinen Blick auf die Geschehnisse, die weit über den einzelnen Fall hinausreichen.

Eine Staatsanwältin ist zur Verschwiegenheit verpflichtet. Sie darf in der Öffentlichkeit nur über Angelegenheiten ihrer beruflichen Tätigkeit sprechen, die offenkundig sind oder ihrer Bedeutung nach keiner Geheimhaltung bedürfen. Aus diesem Grund werde ich keine Namen nennen und Erlebtes, das außerhalb der Presseberichterstattung oder der öffentlichen Hauptverhandlung stattfand, in einer Weise erzählen, die den tatsächlichen Geschehnissen gerecht wird, ohne sie im Detail preiszugeben.

Was kann man dann noch erzählen?
Eine ganze Menge.
Denn dieses Buch enthüllt nicht meinen Beruf.
Es erzählt meinen Weg.

PROLOG

Es gibt eine Veränderung, die jeder von uns täglich zu leisten hat. Es ist die eigene Anpassung an eine sich immer schneller drehende Welt. Ein Schwungrad voller Risiken, Chancen, Optionen, Probleme und Konflikte. Mit neuen Sichtachsen, Perspektiven und Lösungen. Viele Menschen fühlen sich überfordert. Vielerorts herrschen Unordnung, Unübersichtlichkeit und Unschärfe. Hinzu kommt: Unser Leben ist den Zentrifugalkräften des hochdynamischen Wandels ausgesetzt. Eine der stärksten unter ihnen ist die fortschreitende Digitalisierung.

Mit dem täglich ansteigenden Wissen steigt der Datenverkehr, steigt das Datenaufkommen in dieser Welt, und nahezu alle von uns tragen hierzu bei. Es ist eine unumkehrbare Entwicklung und undenkbar, dass es an einem Tag in der Zukunft einmal weniger Datenverkehr geben wird als noch tags zuvor.

Unser Leben ist digital, und die Abgrenzung zum Analogen fällt uns zunehmend schwerer. Oftmals gelingt sie kaum noch. Was wir einmal eine digitale Parallelwelt nannten – das Internet –, ist integraler Bestandteil unseres Alltags, unseres Berufs, unseres Privatlebens, unserer gesamten Lebenswirklichkeit geworden. Es macht an keiner Stelle Halt, reicht bis in die entlegensten Gebiete dieser Welt. Es ist unser selbst erschaffenes und selbst erwähltes Neuland. Es vereinfacht, ermöglicht und skaliert.

Wir alle zahlen einen Preis, wenn wir dieses Neuland betreten. Wir zahlen ihn auf der Suche nach mehr Orientierung, Sicherheit und nach einem verlässlichen Werteverständnis. Das Internet begeistert uns und macht uns Angst. Denn wir können nicht mehr kontrollieren, was es an neuen Kräften freisetzt, die unsere Verlässlichkeiten infrage stellen wie kaum etwas zuvor.

Das ist unser Neuland. Es macht Angst und ist gleichzeitig ein riesiger Chancen- und Optionenraum, der uns großartige Anpassungsmöglichkeiten gibt. Dieses Buch ist eine Offerte, diesen unaufhaltbaren Prozess mitzugestalten, es ist ein Plädoyer gegen die Angst vor ihm.

Im großen Neuland gibt es eine besondere Welt, die unser Leben begleitet. Sie folgt allem nach, was unser Fortschritt mit sich bringt, und spiegelt unser Tun, ohne dass es unserer Zustimmung bedarf. Es ist die Welt des Kriminellen, der illegalen Machenschaften. Sie ist kein eigener Kosmos, sondern dockt an unsere Bequemlichkeiten, Bedürfnisse, Unsicherheiten und Verletzlichkeiten an.

Missbräuchliches Verhalten ist ein sozialer Umstand. Nicht immer wird die Grenze zum Unerträglichen überschritten. Doch wenn dies geschieht, dann nennen wir es eine Straftat. Eine Handlung, die nicht mehr akzeptiert und auch nicht lediglich sanktioniert werden kann.

Seine Straftat macht einen Menschen zu einem Straftäter. Sie setzt ein eigenes Regime staatlichen Handelns frei, erzeugt nicht selten eine Öffentlichkeitswirkung und ruft immer wieder alte Kategorien in uns wach, die älter sind, als wir zurückdenken können. Wer hat das Recht zu handeln und wer hat das Recht zu urteilen? Wer zählt zu den Guten und wer zu den Bösen? Was ist richtig und was ist falsch?

Wie ein wenig funktionaler Wurmfortsatz hängt Kriminalität als nicht wegzudenkender Umstand an unserem menschlichen und gesellschaftlichen Miteinander und passt sich chamäleonartig an alles Neue an. In der Weise, dass Betrug über das Internet sehr viel mehr Menschen erreichen kann als eine persönliche Ansprache, aber auch in jener, dass ein Banküberfall heute nicht mehr allzu viel Sinn ergibt und es neuer Brachialmethoden bedarf. Kriminalität transformiert sich mit uns.

Aber transformieren wir uns auch mit ihr?

Es gibt eine Unbekannte, und sie bleibt den meisten von uns verborgen. Die dunkle Seite des Internets ist mein Ermittlungsumfeld. Ich bin Cyberstaatsanwältin. Mein Job dreht sich um Daten, Kryptowährungen, Darknet und Cyberattacken. Eine analytische, chaotische, eine kaum greifbare Welt.

In den zurückliegenden Jahren durfte ich an einigen der spektakulärsten Ermittlungserfolge der internationalen Cybercrime-Bekämpfung mitwirken. An der Abschaltung multimillionenschwerer Darknet-Marktplätze und Schadsoftware-Botnetze, am Takedown weltführender illegaler Krypto-Mixing-Dienste und der Sicherstellung inkriminierter Kryptowährungen in dreistelliger Millionenhöhe.

Diese Schläge gegen die Cyberkriminalität wecken Interesse und eine große Erwartung: Der Staat hat es im Griff. Mein Beruf birgt den Auftrag, die Deutungshoheit im digitalen Raum zu erringen und zu verteidigen. Doch diese Deutungshoheit ist stark infrage gestellt. Die Strafprozessordnung wurde nicht für den selbstverständlichen Umgang mit Daten und die nassforsche Dynamik der digitalen Welt konzipiert. Der Cyberraum lässt Regierungen nicht genügend Zeit, um sich angemessen an die Entwicklungen im Bereich der Cyberkriminalität oder an technische Durchbrüche des Ermittelns anzupassen.

So kämpft der Staat einen Kampf, der ihn selbst meint. Er ist längst selbst Opfer von Cybercrime geworden. Und Opfer der Daten. Das Internet zwingt einen allzeit gültigen Übermachtanspruch in die Knie. Und es ist meine Aufgabe, die Eindämmung und Überführung von Straftaten an einem Ort zu bewältigen, den wir immer nur ungefähr kennen: im digitalen Neuland.

So wie eine Ärztin den Fernzugriff auf ihre Patienten erwägen und die Macht von Maschinen beurteilen können muss, so muss ich immer wieder neu lernen, wie das, was meine Aufgabe ist – Straftaten zu verfolgen – im digitalen Zeitalter gelingen kann. Der Schritt in die Cybercrime-Bekämpfung war meine Entscheidung gegen die Komfortzone. Ich musste von vorne anfangen, neues lernen, mich hinten anstellen und darauf vertrauen, dass ich trotz alledem einen Mehrwert schaffen könnte. Ohne ein Informatikstudium und ohne zu wissen, was digitale Währungen einmal mit uns anstellen würden. Es war der Aufbruch ins Neuland, jedoch nicht ohne Gepäck.

Als Staatsanwältin vertrete ich den Staat gegen das Kriminelle. Als Cyberstaatsanwältin habe ich diese Aufgabe im digitalen Raum.

Recht und Gerechtigkeit sollen einen universellen Geltungsanspruch haben, damals wie heute, analog wie digital. Doch was bedeutet das konkret? Welche Anpassungsleistung haben wir dort zu erbringen? Welchen Teil unseres Werteverständnisses verändert das Internet und welchen lässt es unberührt?

Mein Berufsstand schaut wie durch ein Brennglas auf den gesellschaftlichen Wandel. Ich ermittle im Verborgenen und finde dort die Auswirkungen unseres gesellschaftlichen Werdens. Was ich aber ebenfalls finde, das sind alte Fragen im neuen Gewand. Die digitale Transformation entlässt uns nicht, sie stellt Fragen nach Recht und Gerechtigkeit bloß anders. Sie eskaliert unsere stereotypen Vorstellungen von Gut und Böse und gibt uns wenig Zeit für eine wohlüberlegte Neuorientierung.

Die Forderung digitaler Lösungen ist laut. Doch die wichtigen Fragen nach der Schuld und dem Ermessen, nach Läuterung und dem Umgang mit Fehlern richten sich nicht an die digitale Welt. Sie richten sich an uns Menschen. Der Mensch steht weiterhin im Mittelpunkt, selbst wenn er meint, den Anschluss an den digitalen Wandel verpasst zu haben. Auf diese Weise stellt die digitale Transformation unsere Bereitschaft, unser Handeln und unseren Fortschritt konsequent und ehrlich zu Ende zu denken, auf den Prüfstand.

Das Spiel von Räuber und Gendarm ist nur eines, das immer wieder neue Regeln bekommt. Es transformiert sich unaufhörlich mit allen anderen gesellschaftlichen Formen und Phänomenen.

Wie man durch unvorhersehbares Gelände kommt, lässt sich aus vielen Perspektiven beschreiben. Denn auf eine Weise ermitteln wir alle täglich im Neuland.

Ich tue es als Cyberstaatsanwältin.
Und ich lade Sie ein, Sie dorthin mitzunehmen.

KAPITEL 1

EIN SCHUFT IST EIN SCHUFT IST EIN SCHUFT

CYBERCRIME ist die qualitativ beste Fortbildung für Ermittler und Strafverfolger. Die Cybertäter arbeiten gründlicher und konsequenter als alle anderen. Jede Eventualität muss mitgedacht werden. Von Anfang an. Wir lernen dadurch täglich, unsere Cyberresilienz zu stärken, indem wir den Worst Case mitdenken und uns das Schlimmste vorstellen. Der berühmte SolarWinds-Hack hielt uns lange in Atem. Perfide gut geplant und durchgeführt. Cyberkriminelle sind den Ermittlern oft einen Schritt voraus. In der Aufklärung schließen wir die Lücke. Was die modernen Schufte wieder antreibt, noch besser zu werden. Das ist digitaler Fortschritt auf höchstem Level. Wir sollten Cybercrime als Lernkultur begreifen.

Dezember 2020, wenige Tage vor Heiligabend

Das Erste, was ich abends von den Ermittlern erhielt, war ein Link. Er führte zu einer Publikation der Firma FireEye, einem US-amerikanischen Unternehmen, das Software zur Erkennung von Cyberangriffen entwickelt hatte.

»We have detected a global intrusion campaign«, waren die einleitenden Worte des Berichts. Unbekannten Tätern war es gelungen, eine sogenannte »Supply-Chain-Attacke« in einer Software der Firma SolarWinds durchzuführen.

Unternehmen nicht direkt, sondern über ihre digitale Lieferkette anzugreifen, ist ein Mittel, um mit nur einer Infiltration eine große Anzahl Betroffener zu erreichen. Ich hatte zuvor von dieser Art der Cyberattacke gelesen, einen Fall dazu jedoch noch nicht auf dem Tisch gehabt. Ein erschreckend schlichter, fast schon naheliegender Ansatz, um mit relativ wenig Aufwand großen Schaden anzurichten.

Der Arbeitstag war lange vorbei. Ich ließ mich in Sportklamotten auf die Couch fallen und las weiter.

Die unbekannten Täter hatten lange Zeit unerkannt in den sogenannten Build-Prozess einer Software eingegriffen, die Firmen und Behörden weltweit nutzen, um ihre Netzwerkperformance zu überwachen, ihre IP-Adressen zu managen und die firmeneigenen Lagersysteme zu monitoren. Sie bauten eine Art Hintertür in die Software ein, um einen empfohlenen Standardprozess auszunutzen. Entsprechend der Herstellerempfehlung nahmen Tausende Kunden von SolarWinds regelmäßige Updates der Software vor. Dank der eingebauten Hintertür erhielten die Täter mit jedem dieser Updates

Zugriff auf die IT-Systeme der Nutzer der Software. Weltweit waren das rund 18 000.

Die Liste der prominenten Opfer des wohl spektakulärsten Hackingangriffs des Jahres 2020 war lang. Erst drehte sich vieles um das IT-Sicherheitsunternehmen FireEye, das über eines der kompromittierten Updates der SolarWinds-Software Orion selbst zum Opfer des Angriffs geworden war. Doch dann wurde publik, dass sich neben weiteren US-Behörden auch das US-amerikanische Finanzministerium und Teile des Pentagons die raffinierte Spionagesoftware eingefangen hatten. Selbst das US-Energieministerium mitsamt seiner untergeordneten National Nuclear Security Administration (NNSA) wurde als betroffen gemeldet. Die NNSA verwaltet das Atomwaffenarsenal der USA.

Kurz nach der Übersendung des Links baten mich die Ermittler um ein Gespräch per Videoschalte. Meine Ankündigung, so auszusehen wie eine, die gerade vom Joggen nach Hause kam, wurde gekontert mit der Bemerkung: »Wir haben uns auch nicht für dich schick gemacht, Jana.« Wenn Weihnachten auf dem Spiel steht, hilft vertrauter Galgenhumor. Zwei ebenso vertraute Gesichter erschienen auf dem Bildschirm, um mit Frau Staatsanwältin zu sprechen.

»Hast du den Bericht von FireEye gelesen?«

»Ja.«

»Gut. Hast du Fragen?«

Gute Cyberermittler preschen nicht vor, sondern achten darauf, dass die Juristin an Bord auch mitkommt auf der digitalen Nachtfahrt. An dieser Stelle hatte ich erst einmal keine Fragen.

»Nein.«

»Gut. Wir müssen davon ausgehen, dass auch jede Menge deutsche Kunden von SolarWinds die verseuchte Software nutzen und sich den Mist über das letzte Update eingefangen haben. Es könnten ein paar Hundert sein. Kann alles dabei sein. Firmen, Behörden, Institute. Orion nutzen echt viele.«

Orion?

So hieß die betroffene Software des Unternehmens SolarWinds, die weltweit von schätzungsweise 18 000 Abnehmern genutzt wurde, darunter Firmen und Institutionen aus der privaten Wirtschaft sowie Behörden. Die Schadsoftware, die die Täter gegen sie einsetzten, stellte sich der Weltöffentlichkeit mit dem Namen »Sunburst« vor.

Krieg der Sterne. Kosmisch digital.

»Wir wissen von konkreten deutschen Betroffenen. Aber wovon wir ausgehen müssen: Die meisten Firmen werden von ihrem Glück noch gar nichts wissen.«

Das Management von FireEye, das die eigene Betroffenheit zum Anlass nahm, die Welt über den SolarWinds-Hack zu informieren, hatte sich nicht nur dazu bekannt, selbst Opfer des Angriffs geworden zu sein. Die Unternehmensspitze hatte auch sinngemäß in Videostatements erklärt, dass sie den Angriff nur deswegen erkannt hätten, weil sie selbst in der Detektion von Cyberangriffen hoch spezialisiert waren.

Es war ein Cyberangriff, den man als Betroffener nur mitbekam, wenn man selbst zu den Experten gehörte. Denn der blinde Passagier mit dem Namen »Sunburst« gab sich erst einmal nicht zu erkennen.

Ich scrollte den Artikel hinunter und beantwortete die ersten Fragen, die sich in einer solchen Situation immer wieder stellen: Sachverhalt verstanden. Zuständigkeit geklärt. Zusage für die Einleitung eines staatsanwaltlichen Ermittlungsverfahrens erteilt.

»Braucht ihr aktuell etwas von mir?«

Kopfschütteln auf dem Bildschirm.

»Wie es aussieht, heute nicht, aber wir müssen schauen, wie wir an die Geschädigten herankommen. Wenn wir die Betroffenheit in Deutschland geklärt haben, dürfte ein bisschen was auf dich zukommen, denn von denen allen brauchen wir Daten.«

Cybercrime-Fälle beginnen ganz unterschiedlich, aber bei allen erklingt ein äquivalenter Startschuss: die Suche nach Daten. Denn mit Erklärungen, menschlichen Erinnerungen und Papier können wir nicht allzu viel anfangen.

Die Strafprozessordnung sieht in § 94 vor, dass »Gegenstände, die als Beweismittel für die Untersuchung von Bedeutung sein können, in Verwahrung zu nehmen oder in anderer Weise sicherzustellen sind«. Und dazu gehören auch Daten. Nicht nur Tatmesser, Steuerunterlagen und Videoaufzeichnungen von Tankstellen.

Aber nur, weil die Durchsuchung von Firmenräumen richterlich angeordnet wurde, heißt das noch lange nicht, dass wir finden, wonach wir suchen.

Am Empfangstresen einer Firma mit einem Durchsuchungsbeschluss zu stehen, kann ein Triumphzug, aber auch der Beginn einer langen und unangenehmen, schlimmstenfalls erfolglosen Suche sein. Denn Daten werden nicht sortiert wie Aktenordner. Ein Durchsuchungsbeschluss ist nur ein stumpfes Schwert, wenn wir an der falschen Stelle selbst suchen müssen. Recht haben und Recht bekommen sind auch für uns Strafverfolger zwei unterschiedliche Paar Schuhe.

Wo genau welche Unternehmensdaten gespeichert sind, wissen in Unternehmen nur sehr wenige. Und genau diese Personen sind solche, mit denen wir am liebsten sofort sprechen. Wenn möglich, auch ohne Durchsuchungsbeschluss, sondern mit einem Besteck, das unser Gegenüber in die Lage versetzt, uns zu geben, was wir brauchen, ohne dass Dienstausweise gezückt werden müssten. Es ist die staatsanwaltliche Herausgabeanordnung nach § 95 der Strafprozessordnung: »Wer einen Gegenstand der vorbezeichneten Art in seinem Gewahrsam hat, ist verpflichtet, ihn auf Erfordern vorzulegen und auszuliefern.«

Wer diese Aufforderung von der Staatsanwaltschaft erhält, muss keine wartenden Polizeibeamten betreuen, sondern kann uns die

Daten selbst heraussuchen und übermitteln. Und die deutschen Betroffenen der SolarWinds-Attacke wurden immer mehr.

Das Klischee, dass Polizeieinsätze kurz vor dem Wochenende starten oder sich Hackingangriffe zu Beginn der Ferien häufen, mag ein persönlicher Eindruck überarbeiteter Ermittlerinnen und Ermittler sein. Eine sachliche Erklärung dafür besteht gleichwohl. Kurz vor den freien Tagen erlahmen Prozesse, sind Entscheider nicht mehr so gut erreichbar wie an einem Dienstagmorgen im November. Solche Schwächen nehmen Täter gerne mit.

»Das war es dann erst mal, Jana. Wir schicken dir die Anregung zur Verfahrenseinleitung spätestens morgen zu und hoffen, dass wir alle Weihnachten feiern können.«

Ich winkte zwei vertrauten Gesichtern zu. Sie winkten zurück. Der Bildschirm verdunkelte sich.

Der Angriff auf die Orion-Software von SolarWinds funktionierte, weil Unternehmen genau das taten, was ihnen empfohlen worden war: regelmäßige Updates der erworbenen Software vorzunehmen. Unbeschadet von der Attacke blieben alle SolarWinds-Kunden, die das entweder vergessen oder für nicht so wichtig befunden hatten.

Dabei lautet die gebetsmühlenartige Empfehlung an alle Internetnutzer dieser Welt: Updates zur Sicherheit des eigenen Systems vornehmen. Rechtzeitig und regelmäßig.

Dieses Mantra hatten die Sunburst-Täter in zynischer Weise persifliert und gezeigt, dass kein Verhalten einen hundertprozentigen Schutz vor einem Hackingangriff etablieren kann.

Im Zuge von Cyberermittlungen bei einem Unternehmen, dessen Gebäudeleitsystem nach einem Hackingangriff nicht mehr funktionierte, durften wir in einem anderen Fall einmal erleben, dass größerer Schaden nur durch den Umstand verhindert werden konnte, dass die betroffene Institution ein so altes Computersystem betrieb, dass die Schadsoftware sich nicht zurechtfand und kein wirkliches Unheil anrichten konnte. Glück im Unglück. Innovationsresistenz als Schutzschirm vor digitalen Angriffen?

Es scheint, als würden die Parameter der Cyberwelt unser Richtig und unser Falsch zu einem Irrgarten machen, bei dem nach dem Loslaufen noch einmal die Wege neu miteinander verbunden und weitere Sackgassen eingebaut werden. Doch sie bauen sich nicht von selbst. Es stecken immer Menschen hinter den Irrwegen.

»Wie muss man sich so einen Cyberkriminellen vorstellen?«, ist eine Frage, die ich wiederholt gestellt bekomme. Sie lässt den Wunsch erkennen, dass das buchstäblich Unfassbare einer Tat wenigstens einem Gesicht, einem Menschen oder einer Lebensweise zuzuordnen sein muss.

Die Schadsoftware im Update der Orion-Software war ein High Potenzial der Ausspähfähigkeiten. Wochen-, teilweise monatelang war sie imstande, unbemerkt in den IT-Systemen ihrer Opfer zu schlummern, sich umzusehen und an Kontrollserver zurückzumelden, was sie vorfand. Bei Desinteresse wurde sie aus der Ferne deaktiviert. Ein Glück für jeden Betroffenen, der offenbar zu uninteressant war für die Angreifer. Nicht im Fokus der Angreifer zu stehen, war für die auf der ganzen Welt verteilten Kunden von SolarWinds die große Hoffnung.

Der Kriminelle ist der Schuft, der tut, was man nicht darf.

Dürfen wir beeindruckt sein von dem, wie er vorgeht?

Was Schadsoftware heute kann, ist teils atemberaubend. Und lässt oft vergessen, dass es auch heute noch Nullen und Einsen sind.

»Krass, wie die das gecoded haben!«

Solche anerkennenden Worte erklingen durchaus, wenn gegen Cybercrime ermittelt wird. Doch dürfen wir von den Tätern lernen?

Dass Schadsoftware per E-Mail über sogenannte SPAM-Wellen verbreitet wird, ist hinlänglich bekannt. Doch kommen die Täter nicht mit dem Hammer vorbeispaziert. Die Infektion von IT-Systemen läuft in mehreren, technisch hochkomplexen Schritten ab. Das Opfersystem wird üblicherweise dazu gebracht, eine Verbindung zu täterseitigen Servern herzustellen, worüber maliziöse Programmteile nachgeladen werden können. Nebenbei läuft die Überprüfung der technischen Umgebung, etwa um festzustellen, ob Antivirensoftware oder andere Sicherheitsvorkehrungen installiert sind. Ist die Schadsoftware einmal erfolgreich installiert, können unterschiedliche Daten aus dem System abtransportiert werden. Wenn darunter zum Beispiel gesendete und empfangene E-Mails sind, können genau die in zukünftigen Kampagnen ganz elegant die Infektionswahrscheinlichkeit bei anderen Opfern erhöhen. Und wenn es ganz schlecht läuft, wird der eigene Rechner zum Teil der Supportstruktur der Täter: Er wird selbst zum Bot.

Die Technologien, die unsere Fälle schreiben, sind beeindruckend.

Hat man das früher auch über einen Mord gesagt? Dass die Vorgehensweise des Mörders beispielgebend sei?

Dieser zynisch wirkende Vergleich zeigt, welchen Vorzeichenwechsel Cybercrime mit sich gebracht hat.

Ob wir wollen oder nicht – Cyberkriminelle halten uns vor, wie Resilienz im Netz funktioniert. Denn das Bedürfnis, auch nach einem Angriff wieder in einen unbeschadeten Ursprungszustand zurückzukehren, dieses Bedürfnis teilen wir mit denen, die wir verfolgen.

Als es im Januar 2021 gelang, den Malware-Riesen Emotet für fast ein Jahr vom Netz zu nehmen, durfte sich die Weltöffentlichkeit von Cyberkriminellen veranschaulichen lassen, was eine resiliente IT-Infrastruktur ist. Das Botnetz, das die Schadsoftware verbreitete, war darauf angelegt, die Strafverfolgung zu überleben. Die Kommando- und Kontrollinfrastruktur von Emotet sah zu jeder Zeit eine Vielzahl von Servern vor, die im Stör- oder Angriffsfall das System am Laufen hielten. Diese Staffelung machte Emotet neben vielen weiteren technischen Raffinessen besonders widerstandsfähig. Die Erbauer nahmen die Gefährdung ihres Systems ebenso wichtig wie das, was sie in der Welt mit ihrer Schadsoftware anrichten wollten. Und das waren allein in Deutschland zweistellige Millionenschäden.

Die Radikalität bei der Einberechnung von Schaden ist ein Gradmesser für den Erfolg im Netz, was auch immer man dort vorhat.

Wenn ein Darknet-Marktplatz ein gut verstecktes Back-up unterhält, bringt es Ermittlern wenig, eine Domain und die Datenbank der Plattform zu beschlagnahmen. Denn wenige Tage später kann ein Back-up die Täter befähigen, genau da weiterzumachen, wo sie zuvor aufgehört hatten. Dass die Kunden eine neue Domain ansteuern müssen, spricht sich im Netz schnell herum.

Es scheint, als würden uns die Cyberkriminellen vormachen, wie eine cyberresiliente Gesellschaft vorgehen sollte: hochprofessionell und das Schlimmste vorausahnend.

Wenn sie genau das nicht oder nicht ausreichend tun, machen sie uns unsere Arbeit leichter, sorgen aber auch für Verwirrung. Täter, die potente Internetplattformen betreiben, sich aber schnell aufspüren lassen, kränken beinahe das Ermittlerherz.

»Den hatten wir in 20 Minuten OSINT. Unglaublich.«

OSINT steht für Open Source Intelligence. Wenn man weiß, wie man im Internet wirklich nach jemandem suchen muss.

Die Gefahr, entdeckt zu werden, prägt das Leben eines Cyberkriminellen.

Die Gefahr, angegriffen zu werden, prägt das Leben einer digitalen Gesellschaft.

Wer eine mittelalterliche Burg besucht, wird sich bei der Führung anhören dürfen, wie die Erbauer einst vorgingen, um die Einnahme der Burg zu verhindern. Das Abschlagen der Wälder rund um die Burgmauern erlaubt es, Ankömmlinge früh auszumachen. Ein tiefer Graben, ob gefüllt mit Wasser oder nicht, macht es schwer, überhaupt einen Fuß auf das Burggelände zu bekommen. Die Vorsehung einer kleinen Tür im großen Burgtor verhindert das Hindurchreiten, und wenn all das nichts hilft, können noch der Boden im Eingangsbereich weggezogen und Pech auf die Eindringlinge geschüttet werden.

Die meisten solcher Burgen mussten ihre Sicherheitsprotokolle nie komplett ausrollen. Schutz galt damals selten als Übertreibung. Es ging nicht um Angst, sondern um Vorkehrung.

Auch auf mittelalterlichen Burgen wurde im Tagesgeschäft eher mit Alltäglichem gerungen. Ausreichend Wasser, Wärme, die Versorgung der Bewohner und Standesstreitigkeiten. Aber der Schutz stand. Er entsprach der Wichtigkeit des schützenswerten Guts: der Sicherheit der Burg für ihre Bewohner.

Firmen haben weder Burggräben noch Fallstricke. Wer sich mit seinem LAN-Kabel an das Internet anschließt, macht sich angreifbar.

Aber ein Schutz vor Cyberangriffen ist bis zu einem gewissen Grad möglich. Ebenso wie die sichere und realistische Vorsehung, angegriffen zu werden und das Wiederhochfahren der Systeme auf diesen Fall vorgesehen und vielleicht sogar geübt zu haben.

Wer sich mit dem, was er zu schützen hat, identifiziert, dem fällt es leicht, sich um einen adäquaten Schutz zu kümmern. Wenn Cyberkriminelle nicht gut aufpassen, fliegt ihnen ihr Geschäftsmodell um die Ohren. Und wenn es richtig schlecht für sie läuft, ist auch das ganze Geld weg. Mit dem Eigeninteresse steigt die Bereitschaft, in den eigenen Schutz zu investieren.

Aber wie ist das in einem Unternehmen?

Und wie ist das in Behörden?

Wer fühlt sich da in äquivalenter Weise für die Sicherheit verantwortlich, wie es Cyberkriminelle tun?

Die mangelnde Identifikation mit dem Schützenswerten macht uns angreifbar. Und wer identifiziert sich in dieser Hinsicht mit der Behörde, in der er arbeitet?

Wenn Behörden und Unternehmen angegriffen werden, tritt in teils erschreckender Weise zutage, wie gering der Schutz ausgelegt war. Dabei ist es erklärbar. Die Suche nach Schuldigen führt zumeist ins Leere. Denn ein System passt auf sich selbst nicht so gut auf, wie es einer tun würde, der weiß, was er zu verlieren hat.

SolarWinds war ein Hackingangriff, der die Welt in Atem hielt. Wer die Angreifer waren, wen sie mit dem Angriff treffen wollten und wen nicht, all das kann man heute nachlesen. Unterschiedlichste Theorien inklusive.

Doch was zeigt ein Angriff wie dieser noch? Er zeigt, dass wir von denen lernen können, die wir zu verfolgen haben. Weil sie in wichtigen Fragen gründlicher und konsequenter sind als wir selbst.

Der Kriminelle ist der Schuft, der tut, was man nicht darf.

Der Cyberkriminelle ist ein moderner Schuft, dem wir genauer zuschauen sollten. Denn wir können von ihm lernen.

KAPITEL 2

KICK-OFF: DROGENHANDEL IM DARKNET

CYBERSTAATSANWÄLTIN kann man nicht studieren. Es ist der bekannte Sprung ins kalte Wasser. Überall schwimmen können, lautet die Devise. Ich war ahnungslos und hatte definitiv keinen Durchblick. Im Schulungsraum schauten wir zunächst den Cybertätern bei ihren Straftaten zu. Normalerweise ein No-Go. Wir hätten sofort ermitteln müssen. Doch im Neuland muss man abwarten, bis der richtige Augenblick kommt.

November 2017

»Wieso gehst du dahin, Jana? Ist die Schulung nicht nur für die Kollegen aus der BtM?«

Die Inhouseschulung »Drogenhandel im Darknet« bei der Staatsanwaltschaft war nicht für mich vorgesehen. Sie galt der Fortbildung der Abteilung für Betäubungsmittelkriminalität – kurz: »die BtM« –, die damals nahezu ausschließlich in der analogen Welt Spuren verfolgte. Drogenermittlungen gehörten damals nicht zu meinem Dezernat.

Nach einigen Jahren in der Abteilung für Wirtschaftskriminalität beschäftigten mich nun politisch motivierte Straftaten. Und das Formularwesen der internationalen Rechtshilfe. Zwei Themenbereiche, die nicht auf den ersten Blick zueinander gehören, auf den zweiten jedoch schon.

Fingerspitzengefühl und diplomatisches Geschick werden vorausgesetzt, wenn zum Beispiel Beleidigungen unter Kommunalpolitikern oder Wahlbetrug Fragen aufwerfen. Ähnliches gilt für grenzüberschreitende Ermittlungen, sei es, dass der eigene Fall ins Ausland ragt oder ausländische Kollegen unsere Unterstützung brauchen.

All das gehört eher nicht in den Bereich der »Kavallerie des Rechts«, wie die Staatsanwaltschaft genannt wird. Verdient hat sie diesen Titel vor allen Dingen für Ermittlungen im Drogenmilieu. Und wie das digital aussieht, sollte uns an diesem nebligen Novembermorgen im Jahr 2017 erklärt werden. Weil noch ein Platz frei war, war ich ebenfalls dabei.

Kurz vor Beginn schlüpfte ich durch die Tür des Schulungsraums und fand noch einen Platz neben der Tür. Ein Kollege schloss das

Fenster, und ich nutzte die Gelegenheit, mir bei meiner Sitznachbarin ein Blatt Papier und einen Stift zu borgen. Damals noch in der Annahme, dass ich wahrscheinlich nicht allzu schnell Verwendung für meine Mitschriften haben würde.

»Wir freuen uns, Ihnen, denen ich ja über Drogen nichts erzählen muss, einen kleinen Einblick zu geben in eine Welt, die die Strafverfolgung noch nicht so sehr auf dem Schirm hat.«

Der Ermittler vom Bundeskriminalamt, gut gelaunt und augenscheinlich mit ausreichend Herrschaftswissen ausgestattet, vermittelte den Eindruck, dass mit Lockerheit und ein bisschen Technikwissen ein erster Einblick kein Problem sei.

Hinter ihm und seinem staatsanwaltlichen Kollegen von der Zentralstelle zur Bekämpfung der Internetkriminalität der Generalstaatsanwaltschaft Darmstadt, kurz ZIT, mit dem er den Lehrgang leitete, leuchtete bereits ein Eisberg an der Wand. Gleich sollte uns veranschaulicht werden, was unter der Oberfläche alles nicht bekannt sein würde.

»Viele reden vom Internet, aber ehrlich gesagt kann damit ganz schön viel gemeint sein, wir sprechen lieber erst einmal vom Clearweb. Das kennen Sie auch. Wenn Sie Google und Amazon aufsuchen.«

Der Bereich, in dem sich selbst Staatsanwälte zurechtfinden. Die ganze Veranstaltung versprach, ein sanfter Kick-off zu werden. Und war augenscheinlich darauf ausgelegt, uns zu zeigen, was wir alles nicht wissen.

Wenn Staatsanwältinnen und Staatsanwälte sich fortbilden, ergänzen sie ihr Wissen zumeist in rechtlicher Hinsicht. Der Anspruch des universell einsetzbaren Prädikatsvolljuristen schwebt über der Justiz. Doch die ratternde Fallrealität zwingt auch Generalisten zum Nachsitzen.

»Konsequenzen der Reform des Vermögensabschöpfungsrechts für die staatsanwaltliche Praxis«, »Aktuelle höchstrichterliche Rechtsprechung zum Betäubungsmittelstrafrecht Teil I und II« oder »Das Sachverständigengutachten im Strafprozess« laufen im Rollverfahren über die Justiz, um der Verwendungsbreite der Staatsjuristinnen und -juristen gerecht zu werden. Bei aller Spezialisierung verlangt eine Karriere bei der Justiz örtliche und inhaltliche Flexibilität.

Im Studium war schließlich auch alles mal dran. Fachspezifische Stellenausschreibungen sind daher die absolute Ausnahme. Jeder muss alles können. Nach dem Einstieg in den laufenden Betrieb wird dem Justiznachwuchs in den Anfängerfortbildungen, die liebevoll »Babytagungen« genannt werden, das tägliche Handwerkszeug vermittelt, doch dann heißt es: selbst laufen lernen.

Der Beruf der Staatsanwältin trägt so sehr die Handschrift des Lebens, dass das Verständnis dessen, was tatsächlich geschehen ist, was zur Anzeige gebracht wird oder was sich nach ein paar Zeugenvernehmungen ein wenig anders in der Hauptverhandlung herausstellt, selten eine größere intellektuelle Herausforderung darstellt. Das Geschehene widerspruchsfrei in geltendes Recht einzuordnen, kann schon eher eine sein.

Doch im Schnupperkurs für Drogenkriminalität waren wir weit entfernt davon, rechtliche Schlüsse zu ziehen. Wir mussten erst einmal kapieren, was das überhaupt ist, was und wo wir da ermitteln sollen.

Wenn Menschen in der Justiz vom »Clearweb« sprechen, haben sie mindestens eine Cybercrime-Tagung hinter sich gebracht oder sind privat interessiert. Ebenso wie die Verwendung des Begriffs »Fiat« darauf schließen lässt, dass jemand sich die Unterscheidung zwischen nationalen Währungen, die einen Fiat-Prozess durchlaufen haben, und Kryptowährungen hat erläutern lassen.

Ich schrieb an diesem Novembermorgen die ersten Worte nieder, die ich mir merken wollte. Sie lauteten: Clearweb, Deep Web und Darknet.

»Das Deep Web besteht aus Datenbanken, Webseiten und Services, die zu Unternehmen, Behörden oder Universitäten gehören, zum Beispiel sogenannte Intranets. Diese Inhalte sind entweder zahlungspflichtig oder zumindest passwortgeschützt. Auch das kennen Sie.«

Nun würde kommen, was wir nicht kennen.

»Das Darknet ist weder dunkel, noch ist es ein eigenes oder anderes Internet. Aber die Seiten des Darknets kann man nicht einfach so finden, dazu braucht es einen eigenen Browser und die Kenntnis der jeweiligen URL.«

Weit weg von den Formularen der Rechtshilfe und der Beurteilung politisch aufgeheizter Äußerungen im öffentlichen Raum begann ich zu begreifen, dass mein Blatt Papier unmöglich für all die erforderlichen Notizen ausreichen würde. Als wäre meine Not erkannt worden, kam folgender Hinweis an uns:

»Ich würde Ihnen empfehlen, solche Begriffe einfach mal im Netz nachzuschauen, so fangen auch viele unserer Täter an – sie informieren sich einfach online.«

Sich schulen, wie die Täter es auch tun. Es gibt Vorschläge, die erst einmal am staatsanwaltlichen Selbstverständnis kratzen.

Ein Kollege der BtM-Abteilung erkundigte sich, womöglich, um eine interessierte Nachfrage zu stellen, ob man sich beim Surfen im Darknet schnell eine Schadsoftware einfangen könne.

»Das Darknet ist nicht so malwarelastig, wie es den Anschein haben mag, aber lassen Sie uns zunächst die Funktionsweise klären. Sie können aber völlig unbedenklich selbst im Darknet surfen, würde ich Ihnen sogar empfehlen, zum besseren Verständnis.«

Der interessierte Kollege lächelte schief und begnügte sich erst einmal damit, weiter zuzuhören. Dass wir selbst im Darknet surfen könnten, das hatte zu diesem Zeitpunkt augenscheinlich keiner der Teilnehmer auf dem Schirm.

Wenn ich erläutern soll, wie ich als Juristin im Internet ermitteln kann, ohne selbst Informatik studiert zu haben, verwende ich gelegentlich das Bild der Sesamstraße. Gemeint ist das Herunterbrechen komplexer technischer Zusammenhänge für den verfahrensleitenden Staatsanwalt oder die einzubindende Ermittlungsrichterin. Denn beide wurden nicht ausgebildet, um im Internet zu ermitteln.

So, wie es eine eigene Leistung ist, den kleinsten Fernsehzuschauern der Sesamstraße oder der Sendung mit der Maus komplexe Vorgänge zutreffend und dennoch verständlich zu vermitteln, stehen diejenigen, die Cybercrime-Bekämpfung lehren, vor der Herausforderung, das Digitale plastisch sowie das Hochkomplexe erzählbar zu machen. Und mehr als das. Auf Basis dieser Art von Wissensvermittlung müssen buchstäblich staatstragende Entscheidungen gefällt werden.

Und so erfuhren auch die zwölf Staatsanwältinnen und Staatsanwälte bei der Inhouseschulung »Drogenhandel im Darknet« nur die Basics, ein paar bunte Bilder für das Grundverständnis des Darknets. Mit dem freundlichen Hinweis, dass die dahintersteckende Technologie nahe der Raketenwissenschaft zu verorten sei.

Beinahe jeder Satz, den wir hörten, war neu für uns. Und nach all der bunten Theorie sah ich zum ersten Mal in meinem Berufsleben einen an die Wand geworfenen Darknet-Marktplatz im Realbetrieb. Ein Dutzend Staatsanwältinnen und Staatsanwälte schaute in Echtzeit der Begehung von Straftaten zu.

Es wundert mich bis heute, dass niemand den Schulungsraum verließ. Denn in meinem Beruf gibt es das Aufklärungserfordernis, aus dem sich kein Staatsanwalt herausreden kann, welches keine Staatsanwältin einfach missachten darf: Wenn ich Kenntnis von einer unverjährten Straftat erlange, bin ich gesetzlich gezwungen, Ermittlungen einzuleiten. Egal, ob ich gerade auf dem Weg zum Sonntagsbäcker bin oder mir die Polizei einen Ermittlungsbericht in die Hand drückt. Das Ganze nennt sich »Legalitätsprinzip«. Nachzulesen in § 152 Absatz 2 der Strafprozessordnung.

Und da saßen wir Aufklärerinnen und Aufklärer. Bestaunten einen millionenschweren Drogenumschlagplatz im Darknet in seiner Amazon-gleichen, glanzvollen Oberfläche in Echtzeit. Mit kleinen Buttons, auf denen Einkaufswagen abgebildet waren, um illegale Drogen in den Warenkorb ablegen zu können. Einzig mit der Besonderheit, dass die Zahlweise nicht PayPal oder Kreditkarte lautete, sondern man sich zwischen Bitcoin und Monero entscheiden musste. Ansonsten alles wie sonst auch beim Internetshopping: FAQs, Rezensionswesen, Kundenportal und Gewinnspielmöglichkeiten. Nebst vielen Bildern zum Anklicken.

Zur Welt, in der ich heute ermittle, gehört nicht nur das Darknet, sondern auch die dunkle Seite des Internets, des sogenannten Clearwebs. Sie ist so riesig, dass man die Veranstaltung, die ich damals besuchte, getrost eine Informationsveranstaltung zum Thema: »Wir sagen Ihnen, was Sie nicht wissen« hätte nennen können.

Wir waren ahnungslos. Völlig ahnungslos.

Die Option, wissend zu tun oder gar zu diskutieren – ein nicht wegzudenkender Umstand bei jeder sonstigen Justizfortbildung –, war nicht gegeben. Selten fiel es mir im Berufsleben so leicht, die blutige Anfängerin zu geben. Nur diese Rolle kam für mich in Betracht.

Es ging nicht ums Besserwissen, Schongewusst- und Rechthaben wie sonst in meinem Beruf. Es wurde uns von einer Welt erzählt, die meine Berufswelt hätte sein können und sie zugleich komplett infrage stellte.

Nicht die Möglichkeit zu haben, wissend zu tun, wirkte auf mich befreiend. Ich begann alles zu fragen, was mir in den Sinn kam. Wollte wenigstens verstehen, was eine Kryptowallet ist, wie man sich datengetriebene Ermittlungen überhaupt vorzustellen hatte und wie in Gottes Namen eine komplette Parallelwelt entstehen kann. Ganz ohne uns, wie es aussah. Immer wieder fielen die Begriffe »technische Ermittlungen«, »Tor-Node« und »Verkehrsdatenanalyse«. Wie eine eifrige Mittelstufenschülerin schrieb ich alles auf. Ohne eine denkbare Verwendung dafür zu haben.

Nach meinem Eindruck gab es zwei Möglichkeiten, auf all das zu reagieren: weitermachen wie bisher. Oder sich auf diesen Besen setzen und mitfliegen. »Ein bisschen im Internet ermitteln« geht nicht, das war bei meiner ersten Darknet-Schnupperrunde unmissverständlich klar geworden.

Die Schulung endete am frühen Nachmittag. Ich kehrte zurück in mein Dezernat für Rechtshilfe und politisch motivierte Straftaten im Dachgeschoss der Staatsanwaltschaft und legte meinen von beiden Seiten beschriebenen DIN-A-4-Zettel vor mich auf den Bürotisch. Der Bildschirm flimmerte, wie er es die ganze Zeit in meiner Abwesenheit getan hatte. Aber ich war eine andere geworden. Ich verlor zum ersten Mal einen Gedanken über einen Wechsel in die Betäubungsmittelabteilung, der ganz und gar nicht für mich vorgesehen war, vielleicht doch eine Chance zu bekommen, bei all dem, was ich soeben gelernt hatte, mitzumischen. Ich verwarf ihn wieder. Dezernate werden nicht im Wege des Wunschkonzerts vergeben. Fast bereute ich, einmal den Blick in die neue Welt gewagt zu haben, um dann in der alten weiterermitteln zu müssen. Ich legte meinen Notizzettel beiseite und meldete mich auf meiner Benutzeroberfläche an.

Der Anruf, den ich am selben Abend von der Zentralstelle zur Bekämpfung der Internetkriminalität der Generalstaatsanwaltschaft Frankfurt am Main erhielt, erreichte mich auf dem Boden meines Wohnzimmers, umgeben von Lego-Steinen. »Sie schienen uns interessiert und verrückt genug und können internationale Rechtshilfe, was wir in allen unseren Fällen brauchen. Möchten Sie bei uns anfangen?«

Kein Wunschkonzert, aber Auffallen um jeden Preis half.

Eine Fortbildungsveranstaltung, für die ich nicht vorgesehen war, und Fragen zu Themen, die weiter von meiner Arbeit nicht hätten entfernt sein können, ebneten meinen Weg ins juristische Neuland.

Ich wusste, ich würde bei null anfangen müssen, und verbrachte bis zu meiner Abordnung an eine der führenden Internetstaatsanwaltschaften der Republik viele Abende vor dem Bildschirm. Um mir von Nerds und Schwarmwissen erklären zu lassen, wie das Internet funktioniert. Was ein Port, was eine *Cold Wallet* ist. Wieso das Tor-Netzwerk eine Zwiebel zum Emblem hat. Was das OSI-Modell ist. Und dass man sich im Nachempfinden von Internetprotokollen hoffnungslos verlieren kann.

An meinem ersten Tag als Cyberstaatsanwältin hatte ich nicht den blassesten Schimmer, wie ich all das Laienwissen verwenden konnte. Nach acht Jahren bei der Staatsanwaltschaft noch einmal neu anzufangen und zu riskieren, die Unwissende zu sein, kann beängstigen oder Kräfte freisetzen.

Eine der Fragen, die mir bis heute am häufigsten gestellt wird, ist diejenige nach meiner Befähigung.

Ich habe Jura studiert. Wie alle anderen Staatsanwältinnen auch.

Nicht Informatik. Aber ich führe Verfahren gegen Personen, die erfolgreich im Stile ausgewiesener IT-Experten internationale Großunternehmen angreifen.

Cyberstaatsanwältin wird man nicht durch ein zusätzliches Informatikstudium. Cyberstaatsanwälte kommen nicht von der Universität, auch das Referendariat bringt sie nicht hervor.

Cyberstaatsanwältin wurde ich an einem Novembermorgen im Jahr 2017, durch eine Veränderung in meinem Denken. Und durch die Entschlossenheit, am Zahn der Zeit bohren zu wollen. Auch wenn es bedeuten würde, noch einmal ganz von vorne anzufangen.

KAPITEL 3

SCHON VERRÜCKT, WAS WIR DA VORHABEN!

CYBERCRIME betritt ständig Neuland. Der Fall ist nicht genau wie der vorherige, die Technologie ist einen Schritt voraus und ein rechtlicher Rahmen ist noch nicht lückenlos gesteckt. Hinzu kommt eine Cyberstaatsanwältin, die nur im Expertenteam aufblühen kann. Ohne Ermittler, Cyberanalysten und IT-Forensiker ist keine Strafverfolgung im Darknet erfolgreich. Je besser das Teamwork und je bescheidener die Staatsanwältin, desto höher die Aufklärungsquote. Ein Job für Leute, die gut zuhören können.

»Jana, es klingt vielleicht verrückt, was wir vorhaben. Aber höre es dir erst einmal an.«

Wenn ein neuer Fall beginnt, wird er nicht selten auf diese geheimnisvolle Weise an mich herangetragen.

Wenn Takedown-Schlagzeilen in den Nachrichten auftauchen, konzentrieren sich alle auf den Coup der Cybercops. »Weltweit umsatzstärkster Darknet-Marktplatz vom Netz genommen.« »Ermittlern gelingt Takedown von millionenschwerem Krypto-Mixing-Service.« »Zentrale IT-Infrastruktur von Cyberkriminellen beschlagnahmt.«

Jede Zeile eine Headline des Erfolgs. Die Ziellinie zu übertreten, spornt Ermittlerinnen und Ermittler an. Allerdings liefern diese Schlagzeilen keine Erklärung dafür, wie solche Ermittlungserfolge ermöglicht wurden. Es ist, als würde man erfahren, dass es die Rakete ins All geschafft hat. Kein Wort über die gewichtigen Zweifel zu Beginn der Planung, dass es am Ende wirklich gelingen würde.

Strafverfolgung im Cyberraum ist keine Raketenwissenschaft. Und selbst, wenn sie es wäre: Es entscheidet nicht die Technik allein über den Erfolg. Die Technik ist der Maschinenraum. Doch auch im mächtigsten Maschinenraum muss gut manövriert werden.

Sommer 2018

Die Gänge ins Obergeschoss des alten Kasernengebäudes auf dem Gelände des Bundeskriminalamts, in dem sich 2018 die Einheit zur Bekämpfung von Cybercrime befand, waren eher karg. Schwere Türen verbanden die einzelnen Referate mit dem Treppenhaus und gaben vereinzelt den Blick auf Menschen hinter großen Bildschirmen frei. Ich nahm die letzten Stufen bis in den vierten Stock. Die Sonne erhellte das Treppenhaus unter mir. Es war Hochsommer.

Das Dachgeschoss wirkte beengt, die Dachschräge bot nicht viel Raum für Büromöbel, die Wände erschienen mir dünn. Ich lief den langen Gang entlang zu dem Großraumbüro des Ermittlungsreferats, das mich erwartete. Als neue verfahrensleitende Staatsanwältin.

Erst wenige Monate zuvor, im April 2018, war ich zur Zentralstelle zur Bekämpfung der Internetkriminalität, kurz ZIT, gewechselt, die damals noch ihren Sitz in Gießen, oberhalb der Gerichtskasse des Amtsgerichts, hatte. Die räumlichen Gegebenheiten ähnelten denjenigen des Ermittlungsreferats frappierend: ebenfalls vierter Stock, ebenfalls Dachgeschoss, ebenfalls geteilte Büros. Hochglanz? Fehlanzeige.

Während ich auf dem Gang zur Besprechung eines der damals weltweit wichtigsten Verfahren der Cybercrime-Bekämpfung lief, war es vielen meiner ehemaligen Kolleginnen und Kollegen noch völlig unerklärlich, wieso ich nach Jahren der Tätigkeit als Wirtschaftsstaatsanwältin, Dezernentin für Rechtshilfe und politisch motivierte Straftaten auf einmal zur Internetkriminalität wechselte.

Ich erschien denkbar ungeeignet: Studium der Rechts- und Geschichtswissenschaften. Die Entscheidung gegen ein Ingenieurstudium fiel etwa in der zwölften Klasse.

Danach ging es um alles, nur nicht um IT.

Das Ermittlungsteam für Wall Street Market war schon vollzählig, als ich eintraf. Etwa acht Leute saßen in der Runde. Keiner jünger als 25, keiner älter als 39. Große Ermittlungsteams sind eine Selbstverständlichkeit bei Sonderkommissionen und Kapitaldelikten, wenn alle Spuren, so weit es geht, in Echtzeit zusammengetragen werden müssen.

Wie bei Cybercrime ermittelt wird, erfuhr ich an diesem Morgen. Dass die Ermittler überhaupt über eine Straftat sprachen, wäre für Zuhörer nicht ohne Weiteres zu erkennen gewesen. Es wurde ausschließlich über technische Fragen und Serverstandorte gesprochen.

Und alle waren relativ zurückhaltend in ihrer Stimmung. Es wirkte nicht so, als würden wir kurz vor dem Durchbruch stehen.

Ein Cyberanalyst überreichte mir ein DIN-A4-Blatt mit einem Schaubild der zu jenem Zeitpunkt bekannten Serverstruktur des damals weltweit zweitgrößten Darknet-Marktplatzes. Mit einem Lächeln. Er war sehr freundlich. So freundlich man zu einer Ahnungslosen ist.

Im Sommer 2018 wussten wir, dass der Darknet-Marktplatz Wall Street Market höchstwahrscheinlich von drei Deutschen betrieben wurde. Seine Angebotspalette war unterteilt in zehn Kategorien. Die größte und umsatzstärkste unter ihnen: illegale Betäubungsmittel. Gefälschte Dokumente, Malware und illegal erlangte Zugangsdaten konnte man auch dort einkaufen. Per Mausklick. Was wir noch wussten: Wesentliche Teile der Serverinfrastruktur standen in Deutschland.

Um auf einen solchen Marktplatz zu kommen, ist kein Hightech vonnöten. Es ist auch nicht strafbar, sich auf ihm umzusehen. Strafbar ist nur, ihn zu betreiben und dort einzukaufen oder zu verkaufen.

An meinem Beruf wird vieles spannend gefunden, aber mit großem Abstand bündelt ein Begriff das größte Interesse, das größte Befremden und die größte Faszination der Öffentlichkeit.

Und dieser Begriff lautet: Darknet.

Es besitzt eine befremdliche Anziehungskraft, die dunkle Machenschaften schon immer ausstrahlten. Sie paart sich mit dem nachvollziehbaren Unwissen darüber, womit wir es beim Darknet überhaupt zu tun haben.

Also noch mal zum Mitlesen: Das Darknet ist kein zweites Internet. Es ist kein dunkles Internet. Es ist eine Art des Kommunizierens im Internet, für die man einen bestimmten Browser braucht, den sogenannten TOR-Browser. Den sich jeder legal auf den eigenen Rechner herunterladen kann, um darüber im Darknet zu surfen.

Oftmals enden Gespräche, die ich mit Menschen führe, die das Darknet nicht zu ihrem Betätigungsfeld zählen (das sind sehr viele), bereits an dieser Stelle. Und es leuchtet ein, warum das so ist: Es erscheint vielen so unfassbar, dass »da draußen« einfach so illegale Marktplätze öffnen können. Ohne Kontrolle.

Nicht erheblich viel weiter war ich im Sommer 2018 beim Bundeskriminalamt. Mit dem erwähnten Blatt Papier in der Hand, um das sich meine Besprechung drehte. Die man sich in etwa so vorstellen darf wie eine Teamsitzung, zu der die neue Projektleiterin stößt. Ohne die es am Ende nicht gehen wird. Ohne die man aber sehr tief in die Sache einsteigen kann.

Wie gelingt ein Schlag gegen organisierte Cyberkriminalität?

Es braucht ein gutes Monitoring, gerichtet auf Ziele, die technisch wie rechtlich machbar erscheinen. Es braucht jede Menge Sachverstand und technische Fertigkeiten. Schließlich will man die Täter mit den eigenen Mitteln schlagen: sie auf den Wegen verfolgen, auf denen sie angreifen oder agieren. Und es braucht eine Staatsanwaltschaft, die die Aufgabe übernimmt, im technischen Neuland rechtlich zu manövrieren. Die Verantwortung zu übernehmen für Maßnahmen, die vielleicht noch nie erprobt wurden. Denn wenn das Täterverhalten neu ist, kann die staatliche Antwort darauf nicht von gestern sein.

Ganz gleich, wie schnell ein Gesetzgebungsverfahren theoretisch werden könnte – ungeachtet des Wunschdenkens in Bezug auf Personal, Ausstattung und Ausbildung –, derartige Kapazitäten werden nie so schnell wachsen, wie es die Bedrohung im agilen Bereich der Cyberkriminalität tut. Und dieser Umstand macht es undenkbar, einen Fall zu beginnen und sogleich eine passgenaue rechtliche und technische Lösung zu haben.

Die Arbeit einer Cyberstaatsanwältin erfordert Pioniergeist. Das Fortschreiten der technischen Möglichkeiten ist die einzige anzunehmende Konstante in meinem Beruf. Fortlaufender Wandel ist das neue Normal, wenn sich ein Staatsanwalt aufmacht, im Cyberraum zu ermitteln.

Und das ist längst nicht alles, woran sich das eigene Selbstverständnis misst.

Staatsanwältin zu werden, bedeutete für mich, bei der »Herrin des Ermittlungsverfahrens« anzuheuern. Ab dem ersten Tag treffen Staatsanwälte Anordnungen. Zu lernen, wie eine Staatsanwältin arbeitet, bedeutet zu lernen, was und wie sie anordnet und auf welcher Rechtsgrundlage sie dies tut. Gegenüber Gerichten stellt sie Anträge und bezieht Stellung zu denjenigen der Verteidigung. Aber gegenüber den eigenen Ermittlungsbeamten, seien sie bei der Polizei, dem Zoll oder der Steuerfahndung beschäftigt, trifft sie Anordnungen.

Seinen gesetzlichen Ausdruck findet das in § 161 Absatz 1 Satz 2 der Strafprozessordnung: »Die Behörden und Beamten des Polizeidienstes sind verpflichtet, dem Ersuchen oder Auftrag der Staatsanwaltschaft zu genügen.«

Sehr erfahrenen Kolleginnen und Kollegen von der Polizei gegenüber Ermittlungsanordnungen zu erteilen, während man selbst noch alles Mögliche nachfragen und nachschlagen muss, gehört zu den Früherfahrungen einer Staatsanwältin. Und es ist ein Zeichen von gut funktionierender Kollegialität, wenn geschieht, was mir bei einer meiner ersten Durchsuchungen widerfuhr.

Morgens früh am zu durchsuchenden Firmengelände angekommen, trat der Einsatzleiter der Polizei vor mich und besprach die Vorgehensweise mit mir. Er behandelte mich in jeder Form wie die Person, die ihm gegenüber Anweisungen machen konnte. Und gleichzeitig sagte er: »Möchten Sie den Durchsuchungsbeschluss eröffnen, Frau Ringwald? Selbstverständlich können wir Ihnen das auch abnehmen, da wir nicht wissen, wie auf unser Auftreten reagiert werden wird.«

Er sah, wie unerfahren ich war, und gab mir die Gelegenheit, meine Aufregung hinter der jahrelangen Erfahrung kompetenter Polizeikollegen zu verbergen. Ich nahm sein Angebot sehr gerne an und spürte ein Aufgehobensein, das ich in diesem Job nicht erwartet hätte.

Die Staatsanwaltschaft ist die »Herrin des Ermittlungsverfahrens«. Gemäß § 152 der Strafprozessordnung steht der Staatsanwaltschaft die Anklagebefugnis zu. Sie ist, sofern tatsächliche Anhaltspunkte vorliegen, verpflichtet, wegen aller verfolgbaren Straftaten einzuschreiten. Im Ermittlungsverfahren obliegt es ihr, den Sachverhalt entweder selbst oder durch die hinzugezogenen Polizeibeamten zu erforschen.

Das und nicht weniger ist Inhalt und zugleich Anspruch meines Jobs. Auch an jenem Tag im Bundeskriminalamt, als mir klar wurde, dass das althergebrachte Verständnis einer verfahrensleitenden Staatsanwältin im Cyberraum komplett auf den Kopf gestellt wurde.

Ich war die ahnungsloseste Person im Raum. War vollkommen auf die Ermittlungen, Rechercheergebnisse, technischen Schlussfolgerungen und Ideen des Ermittlerteams, bestehend aus Polizeibeamten, IT-Forensikern und Cyberanalysten, angewiesen.

Nicht nur fühlte ich mich wie keine Herrin eines Verfahrens. Ich fühlte mich wie eine blutige Anfängerin.

Der Respekt, den Polizistinnen und Polizisten der Staatsanwaltschaft grundsätzlich entgegenbringen, ist groß. Ein Umstand, den ich bereits als junge Staatsanwältin begann zu hinterfragen. Man gab mir mit 28 Jahren ein allgemeines Dezernat, das im Jargon auch gerne »Gemischtwarenladen« genannt wird, was nicht abfällig gemeint ist, sondern nicht weniger als die Feuertaufe im Ermitteln bedeutet, weil man einfach alles können muss, und zwar viel davon. Die Schlagzahl im allgemeinen Dezernat ist konstant sehr hoch.

Wenn erfahrene Ermittler auf einen unerfahrenen Staatsanwalt treffen, ist klar, wer den Überblick hat. Wenn eine junge Staatsanwältin einem langjährigen Drogenermittler die Welt erklären möchte, darf sie sich warm anziehen. Und das aus gutem Grund. Als Staatsanwältin trage ich die rechtliche Verantwortung für das Verfahren. Das macht mich aber nicht zu der Person, die alles besser weiß. Um das zu lernen, muss man keine Cyberstaatsanwältin werden. Aber wenn man eine Cyberstaatsanwältin wird, lernt man ganz schnell, den letzten Rest einer solchen Denke über Bord zu werfen.

Zurück zum Sommer 2018

Die Besprechung drehte sich weiterhin um das Blatt Papier. Auf dem etwa zwei Dutzend kleine Kisten, jeweils versehen mit IP-Adressen, Verbindungslinien zueinander und Länderflaggen abgebildet waren. Die damals bekannte Serverstruktur von Wall Street Market.

Das Unfassbare an der Welt der Daten löst das Bedürfnis nach Darstellung aus. Deswegen bringen Ermittlerinnen und Ermittler in solchen Schaubildern gerne etwas von sich selbst unter. Und sei es, dass das Figürchen, das wie ein Sticker auf einem Server klebt, einen niedlichen kleinen Handwerker mit Schraubenschlüssel zeigt. Um zu veranschaulichen, dass da jemand etwas repariert.

Die Ermittlungen gegen die Betreiber von Wall Street Market steckten, als ich hinzutrat, in einer entscheidenden Phase. Acht Monate später würden sie uns zwingen, alle unsere Pläne über den Haufen zu werfen, um einen der größten Takedowns der Geschichte des Ermittelns im Darknet erfolgreich umsetzen zu können.

Von einem Takedown oder allein der Identifizierung der Täter waren wir im August 2018 noch meilenweit entfernt.

Mir wurde klar: Wir kennen den Maschinenraum dieses Marktplatzes, wissen, wo die zentralen Server stehen und wie täterseitig auf sie Zugriff genommen wird. Aber nicht, durch wen, durch welche, wie der Jurist sagt, »natürlichen Personen« das geschieht. Und ob wir die Betreiber jemals würden identifizieren und festnehmen können?

Völlig unklar.

Die Staatsanwaltschaft beim Außentermin. Es ist das medial verbreitete Bild. Zwischen Tatortabsperrbändern und weißen Ganzkörperanzügen, mit bedeutungsschwangerem Blick und wehendem Haar.

Staatsanwälte sitzen indes meistens im Büro oder vertreten die Ermittlungsbehörde vor Gericht. Außenauftritte bilden die Ausnahme. Oftmals empfiehlt es sich, mit vor Ort zu sein, wenn Komplikationen zu erwarten sind. Nicht selten ist es erhellend, »mitzugehen«, wie es sehr unprätentiös heißt. Sehr häufig jedoch ist es nicht erforderlich. Akten warten genügend im Büro. Eine Staatsanwältin beschäftigt viele Polizeidienststellen. Das Arbeiten am Tatort ist für sie eine Seltenheit.

Eine Staatsanwältin bekommt die Grenzen ihres Dürfens besonders deutlich aufgezeigt, wenn es brenzlig wird. Bei einem Zugriff unter Beteiligung des SEK, die Beschuldigten verfügten über nicht unerhebliche Waffenbestände, wurde eigens ein Beamter dafür abgestellt, aufzupassen, dass ich bleibe, wo ich bin: im Mannschaftsbus. Ohne Sichtkontakt zum Zugriffsort. Was gut behütet klingt und ist, zeigt, wofür man sich als Staatsanwältin entschieden hat. Für die Beisteuerung rechtlichen Sachverstands. Waghalsigkeit der Unbewaffneten ist ausdrücklich nicht erwünscht.

Tatorte, die ich heute begehe, sind keine, die es ins Abendprogramm deutscher oder ausländischer Fernsehanstalten schaffen. Data oder Collocation Center, bei denen die Musik im Cyberraum spielt. Nirgendwo liegt Legales und Illegales so nahe beieinander wie bei einem Hosting Provider, der große Hallen mit Server-Rackets füllt und in der Regel erst durch eine staatsanwaltliche Herausgabeanordnung oder einen richterlichen Durchsuchungsbeschluss erfährt, dass und wo genau in seinen Hallen sich inkriminierte Inhalte auf einem seiner vermieteten Server befinden. In dessen Nachbarregal ein Traktorenhersteller sein Backend hostet. Oder vielleicht eine kirchliche Website betrieben wird.

Cyberstaatsanwältin zu sein, bedeutet auch, einen gewaltigen Schritt in überaus unspektakuläres Ermitteln zu unternehmen. Kriminelle Foren, Marktplätze und Servicedienstleister für Illegales sind in ihrer haptischen Form so ungefährlich wie handlich. Die Durchsuchung beim Hosting Provider bedeutet, dass sich das Datensicherungsgeschehen in einem künstlich beleuchteten Raum abspielt; innerhalb eines engen Ganges, der für größere Gruppen von Menschen nicht gedacht ist. Eher sind solche Einsätze begleitet von der Begeisterung des Forensikteams für das innovative Kühlsystem vor Ort, als dass irgendetwas Spektakuläres geschehen würde, für das eine Juristin im höheren Staatsdienst Begriffe hätte.

Und auch da gilt: Frau Staatsanwältin darf von Weitem zuschauen und Fragen stellen. Das war's. Den Job machen die Profis.

Noch einmal Sommer 2018

Der Aufwand, der betrieben werden muss, um einen Darknet-Marktplatz aufzudecken, ist immens. Und das erst einmal ohne jede konkrete Erfolgsaussicht.

Verlegen rückte ich auf meinem Stuhl etwas vorwärts. Das, woran ich mich festhielt, war nicht nur das erwähnte DIN-A4-Blatt, sondern auch die Maßnahme, um die es ging: Erhebung von Verkehrsdaten, vorgesehen in § 100g der Strafprozessordnung. Er regelt, dass sogenannte Verkehrsdaten erhoben werden dürfen, wenn bestimmte Tatsachen den Verdacht begründen, dass jemand als Täter oder Teilnehmer eine Straftat von auch im Einzelfall erheblicher Bedeutung begangen hat, in Fällen, in denen der Versuch strafbar ist, zu begehen versucht oder durch eine Straftat vorbereitet hat oder eine Straftat mittels Telekommunikation begangen hat. Erforderlich ist zudem, dass das Erheben dieser Verkehrsdaten für die Erforschung des Sachverhalts erforderlich ist und sie in einem angemessenen Verhältnis zur Bedeutung der Sache steht.

So viel zur Gesetzeslage.

Die Vorschriften, die die Justiz befähigen, Telekommunikation zu überwachen, wurden zu einer Zeit geschrieben, als es noch nicht einmal Mobiltelefone gab. Und wir wenden sie an, wenn Computer miteinander »telefonieren«. Ohne dass irgendjemand auch nur ein Wort verliert. Ich hing den Ermittlern an den Lippen, um so viel wie möglich zu verstehen. Denn die gesamte Besprechung drehte sich um eine technische Maßnahme, die ich in der Folge beim zuständigen Ermittlungsrichter zu beantragen hatte. Auch er war kein Cyberspezialist.

Die Radikalität, mit der mir damals im vierten Stock eines BKA-Gebäudes vor Augen geführt wurde, mit welchen hoch spezialisierten Kräften ich es zu tun hatte, kann man mit einer Neugeburt vergleichen. Ich wurde eine neue Staatsanwältin. Mit neuen Fragen, Aufgaben und Problemen.

Für eine Sekunde fragte ich mich, ob ich es packen würde.

Ich begann damit, die wichtigste Aufgabe meines Jobs zu übernehmen: zuzuhören, lange und genau zuzuhören.

Und als hätte einer der erfahrensten Ermittler meine Gedanken gelesen und gespürt, dass ich nun einfach ein Stück Rasen brauchte, um mich sicher zu fühlen, sagte er mir am Schluss der Besprechung mit einem zurückhaltenden, aber herzlichen Lächeln:

»Schön, dass du dabei bist, Jana.«

Jura studieren ist die Entscheidung für eine Hilfswissenschaft. Juristen sind die, um die es eigentlich nie gehen dürfte. Jedes juristische Regelwerk hat das Leben in einer bestimmten Ausprägung zum Gegenstand. Als Juristin kann ich nur unterstützen. Juristen sind beratendes Beiwerk.

Die rechtliche Verantwortung für ein Cybercrime-Ermittlungsverfahren zu übernehmen, bedeutet, in der zweiten Reihe zu stehen. Ob es darum geht, ein Serversystem für eine Datensicherung zu verkabeln oder bewaffnete Schwerverbrecher mithilfe von Spezialkräften festzunehmen – meine Rolle ist eine unterstützende, allenfalls eine ermöglichende.

Ich bin von so viel technischem Sachverstand umgeben, dass es schwerfällt und die Realität verzerrt, Ermittlungserfolge als eigene zu verbuchen. Und doch gibt es eine Rolle, die mir niemand abnehmen kann und die tatsächlich über das Gelingen und Nichtgelingen mitentscheidet.

Wenn es einen grundlegenden Parameter für den Erfolg meiner Arbeit gibt, dann ist es die leiseste Tätigkeit überhaupt: das Zuhören. Sehr ausgiebiges und genaues Zuhören.

Wann immer ein Takedown erfolgreich war oder ein neuer Ermittlungsansatz durchschlägt, man von Innovation spricht, gab es für mich als Staatsanwältin zu Beginn immer dasselbe zu tun: zuhören, ohne zu unterbrechen und (noch schlimmer) zu urteilen.

Ich höre Menschen zu, denen ich nur folgen kann, wenn sie die Dinge herunterbrechen. Nicht selten bescheidene, stille, kluge Menschen, die Werkzeuge und Lösungen für das dynamischste Kriminalitätsfeld entwickeln, mit dem die Strafverfolgung je konfrontiert war. Menschen, ohne die ich meinen gesetzlichen Auftrag nicht erfüllen könnte. Menschen, ohne die ich nichts und wieder nichts über Cyberkriminalität erzählen könnte. Menschen, denen ich vertraue und die mir vertrauen. Ihre Sparringspartnerin und juristischer Beistand zu sein, ist eine meiner wichtigsten Aufgaben.

Wenn ein Fall im Bereich der innovativen Cyberkriminalität auftaucht, treffen fast immer drei Faktoren zu:

Der Fall ist beispiellos.

Der technische Ansatz ist neu.

Es ist kein rechtlicher Standardrahmen vorhanden.

Dieses Trio ist nicht selten unsere Startrampe, um Prozesse und Ermittlungsansätze auf die nächste Stufe zu heben.

Unsere Arbeit darf man sich vorstellen wie eine Gleichung mit mehreren Variablen. Wir haben Annahmen zu treffen und müssen jederzeit damit rechnen, dass die Bildschirme auf einmal schwarz werden. Cybertäter können im Handumdrehen ihre Infrastruktur umziehen, internationale Beziehungen können eine große Hilfe oder ein Hindernis sein. Provider können kooperieren oder sich als sperrig erweisen. Was zwar staatlichen Tadel und unangenehme, wenn nicht teure Konsequenzen nach sich ziehen kann. All das bringt aber nicht viel, wenn man schnell an Daten kommen muss.

Im Grunde ermitteln wir ständig mit dem Risiko, auf einmal ohne alles dazustehen. Und mit der Aussicht, keine Täter zu fassen, weil sie ihre Spuren gut genug verwischen oder sich in Staaten aufhalten, die nicht ausliefern. Aber dieses Risiko einzugehen ist notwendig, um erfolgreich Cyberkriminalität zu bekämpfen.

Ohne den technischen Sachverstand der Ermittler, Cyberanalysten und IT-Forensiker bräuchte ich morgens nicht ins Büro zu gehen. Es gäbe nichts für mich zu tun.

Einige unserer größten Ermittlungserfolge konnten nur zu investigativen Erfolgen werden, weil es Raum gab, zuzuhören und offen zu diskutieren. Um angesichts vermeintlicher Unmöglichkeiten Ideen zu entwickeln. Um immer wieder darüber zu schlafen und juristische Lösungen zu überdenken. Um den Ansatz zu hinterfragen und zu verändern. Ohne den Fluss der Ideen zu unterbrechen. Ohne frühzeitig zu urteilen. Mit der klaren Vision, dass es immer noch einen Weg geben könnte, auch wenn man ihn auf den ersten Blick nicht sieht.

Juristen werden ausgebildet, Schlüsse zu ziehen und zu urteilen. Aber das Urteilen ist kein guter Ratgeber, wenn es darum geht, einen Weg durch unerforschte Gewässer zu finden. Noch weniger, wenn es um das Haifischbecken des Cyberraums geht.

Zu frühes Urteilen beendet Prozesse. Es legt einen Nebelschleier über die mögliche Lösung, die anfangs nicht zu erkennen ist.

Als Staatsanwältin für Internetkriminalität muss ich eine sehr gute Zuhörerin sein. Der Job erfordert Mut und Vertrauen in das Team, Bescheidenheit und eine große Auffassungsgabe für die Ideen der Menschen, die die eigentlichen Experten sind. Auf deren nächsten Anruf ich mich schon freue.

Insbesondere, wenn er beginnt mit den Worten: »Jana, es klingt vielleicht verrückt, was wir vorhaben. Aber hör es dir erst einmal an.«

KAPITEL 4

HINTER ALLEN CYBERTATEN STEHEN VIELE TÄTERDATEN

GESETZE UND DATEN bestimmen mein Leben. Die Krux: In der digitalen Strafverfolgung müssen wir erst einmal auf Augenhöhe mit den Tätern kommen. Vor allem mit den Datenmengen, die sie hinterlassen. Das ist schwer in einer Welt der Aktenberge und lokalen Zuständigkeiten. Aber nicht unmöglich.

Es gibt keine analoge Straftat mehr.

Auch ein Täter, der sich spontan entschließt, ein Fahrrad auf der Straße zu stehlen, hinterlässt Verbindungsdaten, loggt sich mit seinem Handy in WLAN-Netze ein, GPS findet ihn. Auch er übersieht womöglich, dass er digitale Spuren hinterlässt.

Für die Strafverfolgung ist das im Grunde eine sehr gute Nachricht. Ganz unabhängig davon, ob ein Mensch in strafbarer Weise gegen das Urheberrechtsgesetz verstößt, ob er mit Drogen handelt oder versucht, Menschen in betrügerischer Weise um ihr Geld zu bringen – bei seiner Tat entstehen in den meisten Fällen Datenspuren. Wir haben unser Leben so umfassend in den digitalen Raum verlagert, haben es so sehr an ihn geknüpft, dass sich die kriminelle Welt ihm weder entziehen kann noch will.

Der Cyberraum bietet enorme Erleichterungen bei der Begehung von Straftaten. Man kann sie bequem von zu Hause aus begehen, es braucht nur ein internetfähiges Endgerät und eine vernünftige Datenverbindung. Alles Weitere findet man im Netz: Anleitungen für die Erstellung und massenweise Versendung von Phishing-Mails, Hinweise zu Host Providern, die nicht mit den Strafverfolgungsbehörden kooperieren, Akteure, die ihre Programmierfähigkeiten gegen Geld anbieten, oder Foren, auf denen man erfahrene Cyberkriminelle anonym all das fragen kann, was einen umtreibt.

»Ich habe keine Bücher gelesen, ich habe alles im Netz gelernt.«

So fasste es der »Coder« in der Hauptverhandlung zusammen; derjenige der drei Betreiber von Wall Street Market, der den gesamten Darknet-Marktplatz programmiert hatte. Ohne IT studiert oder Kurse besucht zu haben. Es hätte die Aussage so vieler Cybertäter sein können. Fast schon ein Allgemeinplatz.

Die Möglichkeit, sich die Finger nicht mehr schmutzig machen zu müssen, bietet ebenso viel Komfort wie Risiko.

Wer sich auf der Straße trifft und Bargeld übergibt, den muss man beobachten, wenn man ihm auf die Schliche kommen möchte. Ist die Übergabe geschehen und keiner war dabei, ist es, als habe sie nie stattgefunden.

Im Netz hingegen hinterlässt alles Spuren.

Die Anonymität des Netzes ist ein Paradoxon, am besten zu veranschaulichen mit der Pseudonymität der Blockchain-Technologie. Der bekannteste ihrer Einsätze: Bitcoin.

Eine Blockchain ist eine kontinuierlich verlängerbare Liste von Datensätzen in einzelnen Blöcken. Im Bitcoin-Netzwerk bildet sie nach festgelegten und unabänderlichen Regeln Transaktionen als Datenblöcke ab.

Sobald ein Bitcoin-Nutzer einen Bitcoin-Betrag auf eine andere Bitcoin-Adresse transferiert, ist es erforderlich, einen neuen Block entstehen zu lassen. Diesen Job übernehmen sogenannte »Miner«: Computersysteme, die freiwillig Rechenleistung bereitstellen. Der Vorgang ist sehr rechenintensiv, und im Gegenzug erhalten diejenigen, die einen neuen Block erzeugen, als Belohnung eine bestimmte Anzahl Bitcoins und die Gebühren aus den enthaltenen Transaktionen. Eine solche Transaktion wird nach einer Zeit der Bestätigung verifiziert und durch das Netzwerk anerkannt.

Auf der Blockchain sind alle jemals im Bitcoin-Netzwerk getätigten Transaktionen unabänderlich hinterlegt. Jeder Internetnutzer, ob er bereits Bitcoin transferiert hat oder nicht, kann das nachschlagen. Was er aber nicht ohne Weiteres nachvollziehen kann, ist, wer hinter diesen Transaktionen steckt. Wer der Absender und wer der Empfänger ist.

Das ist Pseudonymität: Wir wissen präzise, was ein Internetnutzer technisch veranlasst hat. Sein Tun verrät aber nicht, wer er ist.

Wenn wir wissen, dass ein Nutzer, er könnte sich »hulk67«, »mickeymouse12« oder »ohwieschoenistpanama« nennen, auf einem Forum, über das kriminelle Dienstleistungen angeboten werden, mit illegal erlangten Zugangsdaten zu Nutzerkonten handelt, gibt sein Nutzername erst einmal nichts über ihn preis. Nicht einmal, ob er nur eine Person ist oder ob es sich um ein ganzes Kollektiv handelt.

So hinterlassen Cyberkriminelle einerseits jede Menge Spuren, die bei einer Geldübergabe am S-Bahn-Tunnel nicht anfallen, wenn die Betroffenen ihre Endgeräte zu Hause lassen. Andererseits ist es keineswegs banal, diesen Kommunikationsspuren zu folgen.

Polizei und Justiz stehen an der Schwelle zur gewaltigsten Transformation, die sie je durchlaufen mussten. Und das ist nicht das digitale Arbeiten, das bereits begann, als Computer in die Amtsstuben Einzug nahmen und noch viele dachten, damit entstünde »das papierlose Büro«.

Auch die Einführung elektronischer Akten, die in den kommenden Jahren der deutsche Justizstandard werden, ist ein Mammutprojekt. Jedoch kein Paradigmenwechsel. Denn digitales Arbeiten und Leben ist uns allen bereits zu eigen geworden. Es wird nur von der Wasserkistenbestellung im Internet bis zur elektronischen Steuererklärung konsequenterweise auf eine Arbeitswelt umgelegt, in der so viel Vorsicht mit Inhalten geboten ist wie kaum irgendwo sonst.

Der eigentliche Paradigmenwechsel in Polizei und Justiz ist nicht diese fortschreitende Digitalisierung. Sondern das konsequent datengetriebene und datenverständnisorientierte Arbeiten in der Sache.

Noch heute besteht die Annahme, dass Domains, IP-Adressen, Bitcoin-Adressen und Hashwerte von Bildern, anhand derer etwa kinderpornografisches Material detektiert werden kann, eine Angelegenheit spezialisierter Cyberdienststellen seien. Doch das ist nicht so.

Cybercrime-Ermittlungen kommen nicht ohne Daten aus. Aber Daten kommen ohne Cybercrime aus.

Schon seit geraumer Zeit differenzieren wir zwischen Cybercrime im engeren und Cybercrime im weiteren Sinne. Cybercrime im engeren Sinne meint Taten, die ohne Daten, ohne Computer und ohne das Internet gar nicht möglich wären. Dazu zählen DDos-Attacken, Malware-Einbringung auf Software-Upload-Portalen, Ransomware-Attacken und Onlinebanking-Trojaner.

Cybercrime im weiteren Sinne ist all das, was es schon lange gibt, sich aber digitalisiert und damit für das Datenzeitalter flottgemacht hat. Den Tätern geht es hier nicht primär um das Geschehen und die Betroffenheit im Cyberraum. Es geht ihnen darum, dass die Drogen ankommen, die Waffe in den eigenen Händen liegt oder der gefälschte Reisepass am Ende die Fernreise ermöglichen kann.

Und so finden wir nun in nahezu allen Kriminalitätsphänomenen einen Datenanteil. So, wie kein Mensch im Darknet seine Kreditkartennummer angibt, mit PayPal oder bar bezahlt, so ist es selbstverständlich, dass der Ebay-Betrüger niemanden anruft, sondern digital kommuniziert und damit auch digital betrügt.

Die Konsequenz all dessen ist, dass sich das Beweismaterial mit der Begehungsweise ändert. Und damit werden E-Mail-Adressen, IP-Adressen, Bitcoin-Adressen und Nutzernamen auf sozialen Medien zu unverwechselbaren und damit wiedererkennbaren Einheiten, von denen die Suche nach dem Täter losgehen kann. Und losgehen sollte.

Zurück zur blätternden Realität. In das Dezernat eines Staatsanwalts. Er kommt morgens in ein Büro, in dem ein Regal steht, auf dem zwei Aufkleber angebracht sind: »Zutrag« und »Abtrag«. Auf die Seite mit dem ersten Aufkleber legt frühmorgens die Wachtmeisterei alle Akten, die zu bearbeiten sind. Zu bearbeiten sind alle Verfahren, in denen eine Frist abgelaufen ist, die sich der Kollege gesetzt hat, oder in denen ein Eingang zu verzeichnen ist. Sei es der Antrag eines Verteidigers, die Bankauskunft eines Kreditinstituts, eine Anfrage des Finanzamts oder der beantragte und durch die

Ermittlungsrichterin erlassene Durchsuchungsbeschluss, der nun zur Vollstreckung an die Polizei weiterzuleiten ist.

Im Idealfall, und dieser ist für viele Kolleginnen und Kollegen eine Illusion, landet alles, was am frühen Morgen auf den Zutragsteil gelegt wurde, bis Dienstschluss auf dem Teil des Regals, das mit »Abtrag« beklebt ist. Damit es am nächsten frühen Morgen beim Eintreffen weiterer Akten von der Wachtmeisterei zum Sekretariat gebracht wird.

Das ist der Aktenumlauf eines Staatsanwalts. Bis die elektronische Akte deutschlandweit eingeführt sein wird, schlagen Staatsanwältinnen und Staatsanwälte Aktendeckel auf, auf denen »Haft«-Aufkleber angebracht und die mit roten Umlaufmappen für eilige Angelegenheiten umschlagen sind, um es den Geschäftsstellenangehörigen zu ermöglichen, Dringendes von weniger Dringendem zu trennen.

Staatsanwaltschaften leben noch in der Papierwelt, ebenso wie Gerichte, auch wenn die Tage der Papierakte gezählt sind.

Und solange es die Papierakte noch gibt, besteht auch ein paradoxes Bild, das die Schieflage, in die wir geraten sind, illustriert. Es ist das Bild des Staatsanwalts, der eine Papierakte zuschlägt, weil »nur noch« E-Mail-Adressen, Domain-Namen und IP-Adressen als Ermittlungsansatz übrig bleiben. Das Verfahren wird eingestellt, weil der Rechtshilfeweg – der E-Mail-Provider ist im Ausland ansässig – nicht lohnt und weil fraglich ist, was man mit einer Domain anfangen soll.

Zudem ist die sogenannte Vorratsdatenspeicherung in Deutschland faktisch außer Kraft gesetzt. In den zurückliegenden Jahren mussten deutsche Strafverfolgungsbehörden damit umgehen, dass inländische Telekommunikationsanbieter keine Pflicht traf, Verkehrsdaten wie etwa Telefonkennungen oder IP-Adressen für den eventuellen Bedarf der Strafverfolgungsbehörden aufzubewahren und auf Anfrage zu beauskunften. Die gelebte Praxis, dass derartige Verkehrsdaten zumindest für einige Tage oder eine Woche von den

Telekommunikationsanbietern gespeichert und beauskunftet werden, hilft nicht, wenn die Akte aufgrund des hohen Fallaufkommens einige Wochen nicht bearbeitet werden kann.

Ende der Fahnenstange?

Der Staatsanwalt stellt das Verfahren mangels aussichtsreicher Ermittlungsansätze ein, schlägt die Akte zu. Und – nimmt sein eigenes Mobiltelefon in die Hand.

Es ist die Ironie der sich selbst überholenden Prozesse: Strafverfolgungsbehörden kommen nicht weiter, ihre Angehörigen nehmen jedoch wie alle anderen Mitmenschen auch an der Erhöhung des globalen Datenaufkommens teil, füttern das Netz, füttern die Datenspeicher der Anbieter all ihrer Apps – all das sind die Spuren, die uns auch zu Tätern führen können.

Eine Strafverfolgung, sie sich nicht radikal der Vermittlung eines Datenverständnisses verschreibt und dafür nicht alle Hebel in Bewegung setzt, arbeitet an der Realität vorbei.

Doch das Erfordernis zur Modernisierung zu erkennen und die Aufforderung zu datenbasiertem Arbeiten zu stellen, ist das eine. Es klug und nachhaltig umzusetzen in einem föderalen Staat mit gewachsenen justiziellen Strukturen, ist so wegweisend wie anspruchsvoll.

Missstände – das noch nicht flächendeckende datengetriebene Arbeiten von Staatsanwaltschaften und Gerichten ist ein solcher – zu beklagen, sollte nur, wer einen wirklich guten Vorschlag macht.

Womit haben wir es zu tun? Was bedeutet eine digitalisierte Strafverfolgung konkret?

Wie immer ist in der Logik des Falls zu denken. Und in immer größeren Kriminalitätsbereichen spielen Nationalitäten, Landesgrenzen und örtliche Interessen überhaupt keine Rolle mehr. Das Internet, in dem wir alle bestellen, in dem wir alle Reisen buchen, das wir alle nutzen, um mit unseren Kindern zu kommunizieren, macht es möglich.

Doch die Verfolgung von Straftaten ist behördlich dem Grunde nach noch so aufgebaut, dass Straftäter da verfolgt werden, wo sie ihr Unwesen treiben. Prinzip: Räuber und Gendarm.

Und genau das funktioniert heute nicht mehr.

Während früher die Ortsgebundenheit auch für Kriminelle etwas Limitierendes war, kann ein Straftäter heute mit demselben Trick Hunderte Menschen von Kiel bis Rosenheim betrügen. Und während der Täter per Mausklick seine Reichweite erhöht, geschieht behördlicherseits noch das, was schon vor Jahrzehnten geschah: Die Opfer, und ganz sicher nicht alle, stellen Strafanzeige bei ihrer örtlichen Polizeidienststelle. Oftmals erst nach ein paar Tagen. Überweisungen wurden bereits getätigt, man dachte, es handle sich um ein seriöses Angebot oder um das Enkelkind, das finanzielle Unterstützung braucht.

Das Opfer sieht sich einem Täter ausgesetzt und möchte, dass er gefunden wird.

Der Täter sucht sich die Anzahl seiner Opfer einfach aus.

Das ist kein Cybercrime am Hochreck. Das ist die allgemeine Kriminalität der Gegenwart. Der digitale Gemischtwarenladen des Illegalen.

Ermittlungen können bei einer solchen Situation nur dann zielführend erfolgen, wenn dieser Spieß so schnell wie möglich umgedreht wird. Und das bedeutet, uralte Strukturen umzugleisen. Wer sich dieser Aufgabe annimmt, tut das Richtige, sollte jedoch die Gummistiefel einpacken. Denn es könnte nass werden.

Daten und Maschinen sind schneller als Menschen. Was zur Folge hat, dass die Behäbigkeit menschlichen Vorgehens Ermittlungsprozesse denklogisch verlangsamt, wenn auf der anderen Seite mit Datenmaschinen operiert wird.

Die beiden Schlüsselworte einer zeitgemäßen Strafverfolgung in einem föderalen Staat lauten *Deconfliction* und *Zentralisierung:* Keiner sollte denselben Ermittlungsschritt zweimal durchführen, und schnell sollte klar sein, wer sich zentral um ein Kriminalitätsgeschehen kümmert.

Und dabei helfen natürlich Daten. Die Spuren der Täter sind wie kleine wiedererkennbare Einheiten, anhand derer sich Dienststellen erkennen können – wenn sie alle fleißig miteinander in Kontakt stehen. Oftmals werden bei der Cybercrime-Bekämpfung, weil sie am Zahn der Zeit ist und sein muss, Prozesse entwickelt, die später für die Polizeiarbeit auszurollen sind, obwohl es erst einmal nach hochspezieller Materie aussieht.

Als die ersten Bitcoins in Strafverfahren auftauchten, war das eine seltsame Methode der Bezahlung unter Cyberkriminellen. Heute ist Bitcoin nicht nur ein milliardenschwerer Anlage- und Finanzriese, sondern auch nicht mehr allein. Weitere virtuelle Währungen bilden den Goldrausch ab, der die digitalen Finanzströme mitbestimmt. Bei jedem Täter können sie potenziell gefunden werden. Ganz gleich, womit er gegen das Gesetz verstößt.

Auch der Umgang mit Datenspuren galt lange als Domäne der Cyberermittler. Bis offenbar wurde, dass auch Urkundenfälscher, Ebay-Betrüger, Polemiker und Hetzer nichts anderes tun, als solche Spuren zu hinterlassen.

Kryptowährungen und Datenspuren sind zur Angelegenheit aller geworden. Und wenn man als Staatsanwältin nicht von so viel technischem Sachverstand umgeben ist, wie ich es als Cyberstaatsanwältin sein darf, ist es nur verständlich, dass es einen Moment braucht, bis die eigene Bereitschaft steigt, sich das auch noch draufzusatteln. Der Zutragsstapel ist schließlich hoch genug.

Staatsanwaltschaften sind chronisch an der Überlastungsgrenze arbeitende Behörden. Viele junge Kolleginnen und Kollegen schnaufen unter der Dezernatslast und lassen das mit dem Tatort am Sonntagabend besser sein, allein schon aus Gründen der drohenden Demoralisierung.

Wie können bei diesem Overload-Alltag schnellstmöglich die dringenden Datendenkprozesse in die Arbeitswege integriert werden?

Ich musste die Erfahrung machen, wie frustrierend es sein kann, an der Schaffung neuer Ermittlungsinstrumente mitzuwirken und dafür nicht beklatscht zu werden. Weil die Basisarbeit der Strafverfolgung unter einer solchen Zahlenlast steht, dass die neue Datenbankzugriffslösung oder der pfiffige Helpdesk einfach nur noch eine weitere Aufgabenlast darstellt.

Wir stehen an einem Punkt, der es erfordert, eine Kraftanstrengung vorzunehmen, bis ein neuralgischer Punkt erreicht ist, um Erleichterung und sinkende Redundanzen erleben zu dürfen.

Dass zehn Opfer in Deutschland vom selben Ebay-Betrüger übers Ohr gehauen wurden, darf nicht dazu führen, dass zehn Dienststellen dieselbe Arbeit durchführen. Und das wird nur verhindert, wenn gnadenlos datenbasiert gearbeitet und immer zuerst an das Zusammenführen von Ermittlungssträngen gedacht wird.

Was da erforderlich ist, ist eine Revolution im Denken und Arbeiten. Und das braucht Vertrauen. Es braucht ein An-die-Hand-genommen-Werden.

Als ich Cyberstaatsanwältin wurde, gab es Ermittler, die mir die Dinge so erklärten, dass ich sie nicht nur verstehen, sondern auch mich für sie begeistern konnte. Immer und immer wieder waren sie bereit, es mir auszubuchstabieren, wofür sie in der freien Wirtschaft sehr viel mehr Geld verdient hätten. Ich wurde an die Hand genommen.

So wichtig Daten sind, so unausweichlich es ist, die Digitalisierung selbstkritisch und konsequent umzusetzen. Es geht um Menschen, ihre Ängste, ihre Fragen und ihre Sorgen.

Keine Maschine nimmt einen an die Hand. Keine Maschine ist nachsichtig. Keine Maschine freut sich mit einem, wenn man das erste Mal den Bitcoin-Account eines Cyberkriminellen leer geräumt hat.

Es ist eine meiner schönsten und vornehmsten Aufgaben, den Kolleginnen und Kollegen im Land zu helfen, wenn sie nicht weiterwissen. Oft kann ich es, in vielen Fällen jedoch auch nicht und muss selbst nachfragen.

Die bestehenden datenbasierten Ermittlungsmöglichkeiten waren keine logische Konsequenz technischen Fortschritts. Jede dieser Anwendungen, Datenbanken und Suchoberflächen ging auf die Initiative einzelner unermüdlicher Missionare zurück, die mehr als ihren gesetzlichen Auftrag erfüllen wollten. Und genau in diesem Geiste sind sie an die Menschen zu bringen. Mit Nachsicht, Verständnis und einem gesunden Maß an Unbeirrbarkeit.

Gesetze und Daten bestimmen meinen Beruf.

Aber es sind nicht Gesetzbücher und Maschinen, die den Fortschritt ermöglichen.

Es sind Menschen, die sich für ihn einsetzen.

KAPITEL 5

REMOTE HEISST DAS NEUE ZAUBERWORT

DER DIGITALE FERNZUGRIFF bestimmt unser Leben. Digitale Marktplätze allerorten, auch im Darknet. Nahezu in jeder Minute erzeugen wir Daten und hinterlassen Spuren. Die Straftäter im Netz haben genau davor Angst. Nur nicht sichtbar werden. Wie im Fall von Wall Street Market, dem fast perfekten Marktplatz für digitale Drogenkäufe. Wir schauten ihnen lange bei ihren Straftaten zu, bevor wir losschlugen. Aus remote wurde real. Aus Spaß wurde Ernst.

10. Mai 2021, Landgericht Frankfurt am Main
»Ich wurde auf den Boden geworfen, die GSG 9 war in meinem Zimmer. Ich habe mich so geschämt. Meine Eltern kamen nach Hause und haben das gesehen. Aber erst, als ich den Haftbefehl las, ist mir bewusst geworden, dass wir Drogenverkauf in diesen Ausmaßen unterstützt haben.«

Ein junger Angeklagter erklärt bei Gericht der Öffentlichkeit das Unerklärliche. Wie er mit zwei anderen jungen Männern, die er noch nie zuvor in seinem Leben gesehen hatte, zu einem der weltweit erfolgreichsten Drogenhändler der Welt wurde. Ohne dafür nur ein einziges Mal von seinem Schreibtischstuhl aufzustehen.

Kurz nach Ostern 2019 erfolgte der Zugriff durch polizeiliche Spezialkräfte. Nicht, weil der Mann so gefährlich war, sondern weil er per Fernzugriff ein Darknet-Imperium führte.

September 2019, Generalstaatsanwaltschaft Frankfurt am Main
Ich lief den langen Gang zurück in mein Büro und ließ mich auf meinen Bürostuhl fallen. Auf ihm bietet sich mir eine Postkartenansicht auf die Frankfurter Skyline, die ich längst in allen Farben gesehen hatte. Und einmal sogar ganz ohne die Commerzbank. Wegen sehr dichten Nebels.

Die Festnahme der drei Betreiber von Wall Street Market lag einige Monate zurück. Sie waren wegen umfassender Geständnisse und der Preisgabe von Passwörtern, die dem hessischen Staat Bitcoin-Millionen sicherten, nach einigen Wochen Untersuchungshaft auf Kaution freigelassen worden. Bis zum Prozess erschienen sie jede Woche verlässlich bei ihren örtlichen Polizeidienststellen, während ich eine Anklage zu schreiben hatte. Über den für die letzten Wochen seines Bestehens weltweit größten Darknet-Marktplatz, auf dem fast 2000 Drogenhändler in der Zeit von Oktober 2016 bis April 2019 einen Umsatz von umgerechnet rund 36 Millionen Euro erzielt hatten. Die drei Angeklagten behielten hiervon Provisionen zwischen zwei und sechs Prozent ein, je nachdem, welchen Treuestatus der jeweilige Verkäufer hatte. Und sie hatten nie auch nur ein Tütchen Hasch in den Händen, das über ihren Marktplatz vertrieben wurde. Geschweige mehrere Kilogramm Kokain.

Ich war gerade zurückgekommen von einer Besprechung mit Kollegen. Die wir so oft führen, um das Neuland auszuleuchten. Rechtliches oder technisches Neuland. Oder gleich beides.

Ich hatte zur Diskussion gestellt, meine Anklage gegen die drei Betreiber von Wall Street Market auf die Annahme zu stützen, dass sie selbst Drogenhändler waren. Nicht nur die unbekannten Verkäufer hinter den Nutzernamen, die von Marvel bis zur Sesamstraße reichten und tatsächlich die illegalen Stoffe veräußerten.

Wenn ein Drogenhändler wegen seiner Verkaufsgeschäfte in Untersuchungshaft kommt, ahnt er normalerweise, worum es geht. Diese drei Männer hatten nicht nur ein paar Drogengeschäfte vorzuweisen, sondern einen ganzen Drogenmarktplatz erschaffen und betrieben. Deswegen als Drogenhändler angeklagt zu werden, haute jedoch alle drei von den Socken.

»Wir waren nur in der digitalen Welt unterwegs und hatten keinen Kontakt zu Drogen.«

Diese Aussage des Angeklagten in der Hauptverhandlung, der sich im Netz »TheOne« nannte, war keine Schutzbehauptung, sondern die Wahrheit.

»Ich habe es als ein Projekt im virtuellen Raum gesehen.«

So die Aussage von »Kronos«. Auch das sicherlich keine Lüge.

Was steckt hinter diesem Fall, bei dem nichts zusammenzupassen scheint? Wenn ein Angeklagter erst im Haftbefehl, der seinen Namen trägt, genau erfährt, was er getan hat? Wenn drei Männer wegen etwas verurteilt werden, mit dem sie nie in Kontakt kamen?

Es gibt einen Begriff, der alle Straftäter im Cyberraum eint. Und dieser Begriff lautet »remote«. Ferngesteuert. So erfolgt ein Cyberangriff, so wird ein Hackingforum betrieben. »Remote« werden Drogen bestellt und verkauft. Und ferngesteuert wird auch ein millionenschweres Unternehmen im Darknet, dessen drei gleichberechtigte Betreiber nicht einmal die Veranlassung sahen, Handynummern oder E-Mail-Adressen miteinander auszutauschen. Auch ihr Kontakt zueinander: remote.

Wer sich früher entschloss, ins Drogengeschäft einzusteigen, musste raus aus der Komfortzone, runter vom Sofa und sich an Orte begeben, die keinen anziehen, der es gerne gemütlich hat und in Ruhe gelassen werden möchte. Es galt unter Strafverfolgern immer das stille Gesetz, dass ein Drogenhändler, bei dem kiloweise illegale Betäubungsmittel zu finden waren, kein Einsteiger sein kann. Weil Grünschnäbeln so etwas nicht anvertraut wird. Kurzentschlossene müssen sich erst einmal hocharbeiten, sich beweisen und Vertrauen aufbauen.

Der virtuelle Raum macht es möglich, sich dieser Form des Hocharbeitens nicht mehr aussetzen zu müssen. Natürlich nicht für alle, denn Drogen müssen noch immer hergestellt und physisch transportiert werden. Aber die, die sie kaufen wollen, müssen nicht mehr durch zwielichtige Viertel streunen. Sie können sich, ohne allzu viel von sich preiszugeben, den Stoff im Netz bestellen. Im Darknet. Erforderlich sind bloß ein Computer und ein Internetanschluss. Und ein wenig Geduld.

Die Funktionsweise des Darknets, das ein anonymes Kommunizieren durch eine Mischung aus ausgeklügelter Verschlüsselungstechnik und Umleitung des Datenverkehrs über mehrere ständig wechselnde Server im Internet ermöglicht, beinhaltet ein Problem. Wir nennen es Performanz: Wie schnell kommt wie viel über die Datenleitung an? Wenn geheim bleiben soll, wer von seinem Wohnzimmer aus einen Darknet-Marktplatz aufruft, und die Kommunikation einen verschleierten Umweg über mehrere Serverinstanzen nimmt, beeinflusst es die Leistung.

Das Tor-Netzwerk, wie das Darknet eigentlich heißt, wird über einen Internetbrowser betreten, den sich jeder legal herunterladen und nutzen kann. Das Darknet ist kein anderes Internet, sondern eine Slalomfahrt durch das Internet, die im besten Fall keiner nachvollziehen können soll. Und zu diesem Zweck vermeidet das Tor-Netzwerk eines immer: direkte Wege zum Ziel. Für dieses Versteckspiel zahlen alle einen Preis. Ermittler, weil sie nicht ohne Weiteres die einzelnen Nutzer identifizieren können. Und Nutzer, weil es immer wieder vorkommt, dass Marktplätze oder Foren nicht erreichbar sind. Weil die Performanz unter den vielen Zwischenstationen, über die der Datenverkehr geleitet wird, abnimmt. Aber wer für den Drogenkauf zu Hause bleiben möchte, der kann es ja auch ein zweites oder drittes Mal probieren.

So bequem die Illegalität im Netz erscheint, so sehr muss sie erst einmal einer ermöglichen. Drogenhändler sind selten IT-Nerds. Damit Drogen beim Kunden ankommen, muss sich jemand mit Servereinrichtung, Datenbankpflege, Kryptowährungen und Betriebssystemen auskennen. Und all das passiert remote. Per Fernzugriff.

»Ich habe mich unbewusst dazu entschieden, mich mit Inhalten nicht zu beschäftigen.«

Eine weitere Aussage von einem der drei Angeklagten. Auch sie war schlüssig. Weder die Strafkammer noch ich verdrehten innerlich die Augen, als sie fiel. Der Mann, der den Darknet-Marktplatz Wall Street Market programmiert und jeden Tag mehrere Stunden mit ihm zugebracht hatte, hatte ganz andere Probleme zu lösen gehabt, als sich um den Drogenhandel zu kümmern. Er hatte die gesamte Marktplatz-Software programmiert, ständig das System wegen der ansteigenden Nutzerlast anpassen müssen, eine, wie er in der Hauptverhandlung glaubhaft bekundete, »wahnsinnig komplizierte« Formel entwickelt, durch die das Level eines Verkäufers bestimmt wurde, und ein ausgeklügeltes Treuhandsystem eingerichtet, über das die Kaufgelder in Kryptowährungen flossen. Jeden Tag, Wochenende gab es nicht.

Etwas näher an den Drogen war sein Mitstreiter, zu dessen Aufgabe es gezählt hatte, Wall Street Market im Netz sichtbar zu machen. Dazu gehörte ein ganzes Forum, auf dem sich die Nutzer zu verschiedenen Themen austauschen konnten. Er hatte auch geprüft, ob Verkäufer einfach nur behaupteten, erfolgreiche Dealer zu sein, oder ob ihre Geschäfte auf anderen Marktplätzen dies bestätigten. Aber welche Geschäfte dann im Einzelnen liefen: Das musste ihn nicht kümmern.

Und auch der Dritte im Bunde war kein klassischer Drogenhändler. Er hatte die Aufgabe gehabt, angemietete Server einzurichten und abzusichern. Gewissermaßen hatte er sie vorbereitet für seinen Kollegen, der die Plattform gebaut und ständig technisch angepasst hatte. So jemanden gibt es auch in jedem größeren Unternehmen.

Es war nicht nur so, dass keiner der drei einen ihrer Kunden jemals getroffen oder Drogen in die Hand genommen hatte. Die Administratoren von Wall Street Market kannten nicht einmal untereinander ihre jeweiligen Vornamen, geschweige denn verabredeten sie sich miteinander.

Wie sie in der Hauptverhandlung bestätigten, konnten sie bei ihren ersten Vernehmungen mit den Vor- und Zunamen der anderen auf den Haftbefehlen nichts anfangen. Obwohl sie zu dritt einen Weltmarktführer im internationalen Drogenhandel betrieben.

Dazu befragt, warum Namen keine Rolle spielten, schauten alle drei verständnislos. Es wäre um Fähigkeiten und Vertrauen gegangen. Ob einen jemand anlügt, kann man schlecht durchschauen. Aber wenn sich ein Nutzer über seinen PGP-Key (das steht für »Pretty Good Privacy« und meint ein Programm zur Verschlüsselung und zum Unterschreiben von Daten) als derjenige ausgeben kann, der auf einem anderen Forum einen wichtigen Beitrag geleistet hat, dann schon eher.

Einer von ihnen beschrieb es später in der Hauptverhandlung so: »Wir waren jeden Tag online und hatten eine innige Beziehung. Wir haben einander vertraut, auch mal Probleme erzählt, bis in die Nacht programmiert und dabei geschrieben.«

Digitale Innigkeit, die Drogenmillionen in Umlauf bringt.

Das Unfassbare am Cyberraum lässt Menschen, die mit Darknet, Bitcoins und Daten wenig zu tun haben, wie gebannt zuhören. Als würden sie schon einmal ein paar Geschichten aus der fliegenden neuen Welt erzählt bekommen.

Wie der Zauberer Merlin im Disney-Film »Die Hexe und der Zauberer«. Weil er in der Zeit reisen konnte, vergaß er einmal ein Flugzeugmodell wegzuräumen, über das sich der kleine Arthur, der in Merlins Obhut im Frühmittelalter Großkönig Britanniens werden sollte, ganz schön wunderte.

Die Geschichten, die Cyberermittler und Cyberstaatsanwälte erzählen können, sind jedoch keine Geschichten aus einer neuen Welt oder aus der Zukunft. Auch nicht für die staunenden Zuhörer.

Das Grundprinzip des Fernzugriffs ist keine Spezialität der Profis, sondern längst integraler Bestandteil unseres Lebens geworden. Und das nicht erst mit der Einführung des Internets.

Das Unbequeme bequem zu machen, ist einer der Hauptvorteile des Online-Drogenverkaufs. Wie es auch der Vorteil aller anderen legalen Services ist, die man dort in Anspruch nehmen kann.

Aber wir wollen schon lange nicht mehr überall hingehen, um unsere Konsumgüter und unsere Erkenntnisse zu sammeln. Der größte Teil unseres Lebens erfolgt ferngesteuert.

Die T-Shirts im Laden haben eine lange Reise, um die sich keiner von uns kümmern muss. Was den Vorteil mit sich bringt, sich nicht weiter mit ihrer Herstellung auseinandersetzen zu müssen. Gleiches gilt für die Lebensmittelproduktion. Wer sich aus der Nähe anschauen muss, wie sie sich konkret gestaltet, würde nicht selten dankend ablehnen und lieber einen Apfel pflücken gehen oder anfangen zu backen.

Was die drei Betreiber von Wall Street Market umsetzten, ist im Kern eine Spitze unseres Lebensstils. Keiner der drei besaß besonders gute Startvoraussetzungen für die organisierte Kriminalität – dafür hatten sie viel zu viele Skrupel.

Aber sie schauten bewusst weg.

Im Zuschauerraum des Landgerichts schüttelten einige der von Sitzungstag zu Sitzungstag weniger werdenden Prozessbesucher die Köpfe, als die drei Angeklagten jeweils in eigenen Worten erläuterten, dass sie sich einig waren, dass Waffen und alles, was Gewalt fördert oder darstellt, nichts auf Wall Street Market verloren hätte. Aus diesem Grund konnten kinderpornografische Inhalte und Waffen nicht auf dem Marktplatz gehandelt werden. Eine Hygiene, die man auf nahezu allen Darknet-Marktplätzen antrifft: Mit so etwas wollen wir nichts zu tun haben.

Aber mit illegalen Drogen schon?

Die Angeklagten wurden durch die Spezialkräfte der Polizei auf den buchstäblichen Boden der Tatsachen zurückgeholt. Per Fernzugriff hatten sie den Polizeizugriff bei sich zu Hause verursacht. Über zweieinhalb Jahre flimmerten nur ihre Bildschirme. Und auf einmal wurden ihre Türen eingetreten.

September 2019, Generalstaatsanwaltschaft Frankfurt am Main

Das extreme Auseinanderfallen von Tätern und Tatgut bereitete mir Kopfzerbrechen. Dabei war die Gesetzeslage gar nicht so schlecht und bot einiges an Möglichkeiten.

Wer einem anderen eine Gelegenheit zum unbefugten Erwerb oder zur unbefugten Abgabe von Betäubungsmitteln verschafft oder gewährt, dem droht Geldstrafe oder eine Freiheitsstrafe von bis zu fünf Jahren. Genau da, beim »Verschaffen«, wie die Kurzform von § 29 Absatz 1 Nummer 10 des Betäubungsmittelgesetzes im Flurfunk einer Staatsanwaltschaft lautet, hatten Kolleginnen und Kollegen das Betreiben eines Darknet-Marktplatzes angesiedelt. Darunter lief das Ermittlungsverfahren.

Und ich hatte mir, ohne jemals Drogenstaatsanwältin gewesen zu sein (meine Cybertäter machten mich gerade zu einer), überlegt, es anders zu beurteilen. Für mich waren die drei selbst Drogenhändler.

Was man als den Leichtsinn einer Anfängerin bezeichnen könnte, war tatsächlich mein Ernst. Zwar passte das »Verschaffen« erst einmal im Wortlaut genau auf unser Täterverhalten. Ihre Plattform diente einzig dazu, anderen die Möglichkeit zu geben, neben anderen illegalen Gütern alle nur denkbaren verbotenen Drogen zu verkaufen und nicht selbst zu handeln.

Aber der Bundesgerichtshof hat das Handeltreiben mit illegalen Betäubungsmitteln schon vor vielen Jahren weit definiert: »Handeltreiben ist jede eigennützige, auf Umsatz gerichtete Tätigkeit, auch wenn diese sich nur als gelegentlich, einmalig oder ausschließlich vermittelnd darstellt.«

Und wenn Tätern zudem nachgewiesen werden kann, dass sie als Bande mit großen Mengen handelten, sogenannten »nicht geringen Mengen«, dann endet der Strafrahmen nicht bei fünf Jahren, sondern geht bei diesen erst los.

Das Verschaffen einer Gelegenheit, Drogen zu verkaufen – und war nicht genau das Wall Street Market? –, ist bloß ein Vergehen. Bandenmäßiger Drogenhandel in hohen Mengen hingegen ist ein Verbrechen. So nennen wir Straftaten, die mindestens ein Jahr Freiheitsstrafe nach sich ziehen. Die Gesetzesvielfalt bot mir alles von der Einstiegsnorm bis hin zum Schwerverbrechertatbestand.

Um hier die richtige Entscheidung treffen zu können, drehten sich meine Gedanken im Herbst 2019 nur um einen einzigen Begriff: Tatherrschaft.

Jedem Täter müssen wir sie nachweisen. Wer bloß Beihilfe zum Drogenhandel leistet, erbringt eine Unterstützungsleistung. Wer lediglich »verschafft«, ist selbst nicht an den Geschäften beteiligt. Ein Drogenhändler hingegen hat Herrschaft über die Drogentat.

Die Angeklagten zu Handeltreibenden mit illegalen Drogen zu machen, als Bande und mit »nicht geringen Mengen«, würde nicht nur sie schockieren. Ich konnte damit auch eine Zurückweisung der Kammer kassieren, denn für einen solchen Fall gab es keine Rechtsprechung. Allerdings auch keine, die konkret dagegensprach.

Würden wir unsere Sachverhalte immer schon kennen, wie es in den Examensklausuren der Fall ist, dann müssten wir uns nur noch Gedanken machen, welche rechtlichen Schlussfolgerungen sie zulassen. Bei Cyberermittlungen kommt gerne alles gleichzeitig.

Wir hatten im Rahmen der Durchsuchungsmaßnahmen unzählige Terabyte an Daten sichergestellt. Und die Ermittler durchforsteten die Datenbank des Marktplatzes, die persönlichen Mobiltelefone und Rechner der Beschuldigten nach allem, was Aufschluss auf die Tatbegehung geben könnte. Bei solchen Ermittlungen kann unmöglich erst einmal eine Person alle Tatsachen klären. Und eine andere die rechtlichen Schlüsse daraus ziehen.

»Jana, bist du dir da sicher?«, war eine Frage aus dem Kollegenkreis, als ich den kühnen Vorschlag unterbreitete, die Taten der Angeklagten als Drogenhandel zu klassifizieren und nicht als eine Art von Unterstützungsleistung oder des Verschaffens einer Gelegenheit.

Ich war es nicht. Wusste aber, was nun meine Aufgabe war.

Ich musste mit den Ermittlern sprechen und ihnen vermitteln, dass wir anders suchen müssen, nämlich nach dem Nachweis, dass die Beschuldigten allesamt Tatherrschaft über die Drogengeschäfte hatten. Nicht nur über den Marktplatz.

Eine solche Ansage darf man sich so vorstellen, als würde man einen Forscher in unbekanntes Gebiet schicken und ihm sagen, er solle Pflanzen einer bestimmten Form suchen, die so noch keiner zuvor gesehen hatte, die es also geben konnte oder auch nicht. Ich musste meinem Hauptermittler eine Ahnung vermitteln, was als Beweis ausreichen könnte, ohne zu wissen, welche Beweise tatsächlich in den Daten lagen. Ich erdachte mögliche Chatverläufe und fiktive Datenbankfunktionen, um ihm ein Bild zu geben, was er vielleicht finden könnte in der Datenwüste. Oder auch nicht.

Langes Schweigen am anderen Ende.

»Ich bin mir auch nicht sicher, aber wir müssen das probieren. Entweder haben sie es programmiert oder sich darüber unterhalten. Oder beides.«

Mit diesen Worten unterbrach ich die Stille und scrollte mit dem Hörer in der Hand einen Ermittlungsbericht nach unten und wieder hoch.

»Okay. Wir haben auf dem Rechner eines Beschuldigten einen unverschlüsselten Chatverlauf gefunden, ein Back-up, das er offenbar vergessen hat. Da schauen wir als Erstes nach.«

Meine Ermittler hatten die Spur noch einmal neu aufgenommen.

Das Strafrechtsbesteck zu beherrschen, ist meine Aufgabe, aber Wall Street Market war kein Fall für den juristischen Elfenbeinturm. Der Darknet-Riese machte in grotesker Weise plastisch, wie wir heute leben.

Womit die Angeklagten ihre kriminellen Karrieren begannen, ist allzu verbreitet: Sie brachten sich selbst technische Fähigkeiten bei und merkten, dass man sie zu Geld machen kann. Und das zunächst legal.

So, wie es heute üblich ist, seinen Social-Media-Auftritt durch eine virtuelle Assistentin pflegen zu lassen, die keineswegs virtuell, sondern durchaus menschlich und real ist, haben die Angeklagten begonnen, ihr technisches Können mit digitalen Einzeljobs anzubieten.

Wie auch in der legalen Wirtschaftswelt bleiben viele in der Underground Economy in diesem Wirken: Anderen zuzuarbeiten ist gut dosier- und planbar. Und in jeder Ecke der Welt zu leisten. Nur mit dem Unterschied, dass Täter, die wir verfolgen, Schadsoftware programmieren oder Counter Antivirus Services anbieten, mit denen man seine Schadsoftware auf die Detektion der bestehenden Antivirenprogramme testen kann. Womit sich wunderbar skalieren lässt, ob man sich an den Cybersicherheitsriesen vorbeimogeln kann oder nicht.

Das Entsetzen der Menschen vor Gewaltverbrechen nährt sich aus der Vorstellung, wie es sein würde, selbst böse zu handeln. Mit den eigenen Händen jemandem Schaden zuzufügen. Es ist für die meisten von uns so unvorstellbar.

Genau das muss aber in der Cyberwelt keiner tun.

Genauso, wie wir mit Maus und Tastatur alle unsere Konsumgüter bestellen, Teamsitzungen abhalten und einen enormen Bekanntheitsgrad über die sozialen Medien erlangen können, ohne irgendetwas anzufassen oder uns irgendeiner Unannehmlichkeit, die mit unserem Anliegen verbunden sein könnte, auszusetzen, können auch die Täter der Underground Economy erst einmal gut schlafen.

Wenn ein Unternehmen eine Ransomware-Attacke erleidet, auf die es nicht gut vorbereitet war, macht es nirgendwo puff. Keiner läuft schreiend über die Straße. Und am allerwenigsten bekommen von den verheerenden Schäden die Angreifer mit. Die irgendwo zwischen dem Nord- und Südpol angesiedelt sein können und eher mit ihrem Host Provider streiten, was die Servermiete und geplante Downtimes angeht, als mit einem Opfer.

Cybercrime ist nicht pervers, sondern die logische Konsequenz unserer heutigen Lebensweise.

Was heute im Cyberraum passiert, war gewissermaßen zwingend. Die datenfreie, analoge Tat ist fast nicht mehr denkbar. Selbst beim Autoklau erzeugt man GPS-Daten. Die Empörung über gestohlene Daten übersieht, wie wir täglich das Netz mit Daten stopfen. Nahezu in jeder Minute unseres Lebens.

Zu Beginn meiner Laufbahn hat mich folgende Aussage eines Technikers sehr beeindruckt: »Der weltweite Datenverkehr steigt ständig an, er wird nie mehr weniger werden.«

Es wird immer nur mehr. Mehr Daten, mehr Datenverkehr, immer mehr. Wir lernen als Cyberstaatsanwälte nicht nur, wie man heute Straftaten begeht und sie bekämpft. Wir bekommen Nachhilfe zum Weltgeschehen, an dem wir selbst teilnehmen und das wir höchstpersönlich jeden Tag miterzeugen.

Die Hemmschwelle für den Einstieg in die kriminelle Welt war noch nie so tief. Nie zuvor ließen sich so sauber und gemütlich Straftaten begehen wie heute. Wir alle ermöglichen Cybercrime und machen es den Tätern so leicht, weil wir selbst auch nicht mehr auf den Fernzugriff verzichten wollen.

Die drei Betreiber von Wall Street Market wurden zu hohen Haftstrafen zwischen fünf und sieben Jahren verurteilt. Wir konnten ihnen alles nehmen, was sie durch ihre Taten erlangt hatten. Viele Millionen in Kryptowährungen, ihr Bargeld, ihre Uhren und Autos. Zum Erwerb weiterer Luxusgüter hatten sie gar keine Zeit gehabt, denn die Jahre, in denen sie Wall Street Market betrieben hatten, waren schlaflose. Sie alle waren überfordert mit dem vielen Kryptogeld, das sie nicht einfach irgendwo umtauschen konnten, ohne aufzufliegen.

Das Landgericht Frankfurt folgte meiner gewagten Rechtsauffassung und verurteilte die drei Angeklagten als Drogenhändler. Sie verschafften nicht bloß anderen eine Gelegenheit, Drogen zu veräußern und zu erwerben. Der Bundesgerichtshof bestätigte diese rechtliche Einschätzung. Der Tenor des Urteils lautet so, wie derjenige gegen einen anerkannten Drogenbaron lauten könnte.

Wir konnten den Tätern nachweisen, dass sie – auch wenn ihr Tag mit anderen Aufgaben gut gefüllt war – stets Zugriff auf alle Bereiche des Marktplatzes hatten und jederzeit hätten zählen können, wie viele Tonnen Drogen über den Marktplatz vertrieben wurden. Nicht zuletzt, weil sie monatlich viel Geld damit verdienten und die Einnahmen stets brüderlich teilten.

Bis zu dem Tag, als ihr Fernzugriff auf einen virtuellen Marktplatz zum Realzugriff der Polizeikräfte bei ihnen zu Hause führte. Wo es aussah wie bei uns allen auch.

KAPITEL 6

DAS LEBEN AUF EINEM VIEL ZU KLEINEN TISCH

»STAATSANWÄLTE KÜSST MAN NICHT«. Viele kennen den hinreißenden Film mit Robert Redford in der Rolle des Staatsanwaltes Tom Logan. Mit der Quintessenz, dass jeder Angeklagte ein Recht auf eine gute Verteidigung hat. Und ein Recht, so würde ich hinzufügen, auf eine gute Staatsanwaltschaft. Wie aber sieht die aus? In einer Zeit von kaum zu bewältigenden Aktenbergen, viel zu vielen Überstunden und ungeregelten Arbeitszeiten. Nicht zu sprechen von den kurzen Einarbeitungszeiten in komplexe Fälle und einer gewissen »deformation professionelle«. Da braucht es Geländegängigkeit, um eine gute Staatsanwältin zu sein. Unser Arbeitsalltag ist nicht der von Tom Logan. Muss er auch nicht sein – uns würde die Anerkennung genügen, genau wie viele andere durch die Überforderungszonen des Lebens hindurchgehen zu müssen, nein, zu wollen und zu dürfen.

Der Ruf nach der Staatsanwaltschaft ist eine klassische Drohgebärde. »Ich zeige dich an« ist schnell formuliert. »Diese Unterlagen gehen nun zur Staatsanwaltschaft« ist eine Ankündigung, die Angst verbreiten kann und nichts kostet. Strafverfolgung ist für Anzeigeerstatter erst mal umsonst.

In lockerer Runde zu sagen, dass man Oberstaatsanwältin bei einer Generalstaatsanwaltschaft ist, schafft Luft. Und seit Anbeginn meiner Tätigkeit frage ich mich, welche Berufsgruppe ähnliche Reaktionen hervorruft, die in nahezu allen Fällen zumindest erhobene Augenbrauen bedeuten.

Sie reichen von dem Witz, dass man ab jetzt besser nichts Weiteres über die letzte Einkommensteuererklärung berichtet, über die Erkundigung, ob ich »Mord und so« mache, bis hin zur Frage, ob mein Job eigentlich gefährlich sei.

Am bemerkenswertesten war für mich die Aussage einer anderen Kindergartenmutter, die mir ein schockiertes »Aber du bist so nett!« entgegenbrachte.

Da scheint ein Vorurteil durch.

Staatsanwälte verkörpern einen staatlichen Anspruch, sie sind Vorbilder, sie klagen an. Das Anklagen ist eine Tätigkeit, die immer auch die Frage der eigenen Fehlbarkeit aufwirft. Die ein Oberstaatsanwalt einmal sehr amüsiert im Kollegenkreis zum Besten gab. Als er berichtete, wie er ein Kindergartenkind an der Ampel hinter sich sagen hörte: »Mama, wir dürfen nicht über Rot laufen!«, und seine Mutter darauf erwiderte: »Doch, wenn der Herr Oberstaatsanwalt das darf, dann dürfen wir das auch.«

Merke: Staatsanwälte dürfen sich nicht alles erlauben, jedenfalls nicht, wenn sie dabei erwischt werden.

Auf Veranstaltungen rund um Cybersicherheit werde ich herzlich begrüßt, wenn ich als Vertreterin meines Berufsstands vorbeischaue. Und erzähle, soweit wir eben erzählen dürfen. Unternehmensführer, Institutsleiterinnen, Vertreterinnen großer Banken, Verbandsvorstände – alle können sich einen Redebeitrag einer Cybercrime-Oberstaatsanwältin vorstellen als Aufwertung für das eigene Event, in Interviews und Podcasts. Aber auch zur Verdeutlichung der aktuellen Gefährdungslage.

Dabei rette ich kein Unternehmen, bin keine Informatikerin, programmiere nicht selbst. Ich habe einen Beruf, der sich ausschließlich mit dem befasst, was zu spät ist: der begangenen Straftat.

Helfende Kräfte sind andere – seien es polizeiliche Beratergruppen in Erpressungslagen oder Firmen, die mehr Cybersicherheit herstellen können und die ein Unternehmen im Falle eines Angriffs gut oder besser durchkommen lassen.

Ihren Empfehlungen zu folgen, genügt für die eigene Vorbereitung, für die Einschätzung der Lage. Wo liegt der Mehrwert der Staatsanwaltschaft an dieser Stelle?

Strafgesetze, Anklagen und Urteile entfalten eine abschreckende Wirkung und dienen damit nicht ausschließlich der Strafverfolgung. Sie reichen in den wichtigen Bereich der Prävention, die Straftäter abhält und potenzielle Geschädigte schützen kann. Aber das Bild der Menschen von einer Staatsanwältin, noch dazu einer Cyberstaatsanwältin, scheint ein anderes zu sein.

Was Staatsanwältinnen und Staatsanwälte genau tun, kann man in der Strafprozessordnung und den Richtlinien für das Straf- und das Bußgeldverfahren (RiStBV) nachlesen. Ein anschauliches und praxisgetreues Bild zeichnen diese Quellen jedoch nicht. Ebenso wenig tun dies die zahlreichen Serien und Krimiverfilmungen. Wenn überhaupt Staatsanwälte eine buchstäbliche Rolle spielen, so präsentiert sich die dort illustrierte Fallkonzentration und Problemversunkenheit in der Realität als sehr viel weniger filmreif.

Solange es papierne Akten gibt, wird man staatsanwaltlichen Büros ihre Bestimmung ansehen. Die Belastungszahlen sind hoch, die Anzahl der Leute, die sie stemmen soll, verhältnismäßig klein. Das »abgesoffene Dezernat« ist vielen Einsteigern bekannt. Auch solche, die den Bereich wechseln, um eine für Karrierezwecke erforderliche »Verwendungsbreite« zu zeigen, dürfen sich nicht selten durch hohe Rückstandszahlen wühlen, wobei diese Tätigkeit unmittelbar bildlich zu verstehen ist.

Der Begriff »Dezernat« kommt vom lateinischen Wort *decernere* und heißt in etwa so viel wie »(Zweifelhaftes oder Streitigkeiten) entscheiden, beschließen, bestimmen oder anordnen«. Staatsanwälte sind Entscheider. Und wer nicht entscheidet, geht schnell unter.

Wie weit unsere Tätigkeit von der Darstellung in Film, Fernsehen und Unterhaltungsliteratur entfernt ist, zeigt eine der ersten Erfahrungen, die ich im sogenannten juristischen Vorbereitungsdienst machen durfte: dem Referendariat.

Nach Bestehen des Ersten Staatsexamens durchlaufen junge Juristinnen und Juristen zwei durchgetaktete Jahre der weiteren theoretischen, aber nun endlich auch praktischen Ausbildung: der Einsatz am lebenden Objekt.

Beim Zivilgericht, in der Strafjustiz, der Verwaltung oder Verwaltungsgerichtsbarkeit, in der Anwaltschaft und schließlich zum Abschluss noch einmal an einer Behörde oder Stelle der Wahl erlebt der juristische Nachwuchs, wie man Jura auf die Straße bringt. Und nirgendwo ist das so wörtlich zu nehmen wie bei der Staatsanwaltschaft.

Auch ich erlebte diese besondere Behörde erstmals als junge Referendarin. Eingeteilt wurde ich in die Wirtschaftsabteilung, zu einem sehr erfahrenen Staatsanwalt, den ich, umgeben von zahllosen Leitz-Ordnern, erstmals in seinem Büro antraf: »Finanzermittlungen«, »Kontoverdichtungen«, »Bilanzen 2001 bis 2004« und Ähnliches reihten sich aneinander.

Zwischen einem allgemeinen Dezernat mit hohen Eingangszahlen und dem Druck, jeden Tag Verfahren einzustellen oder anzuklagen, um die Masse zu bezwingen, und einem Dezernat mit großen Wirtschaftsfällen liegen große Unterschiede. Von der »schnellen Nummer« wegen Trunkenheit im Verkehr oder wegen eines kleinen Betrugsfalls, der sich schnell aufklären lässt, bis hin zu Großverfahren, in denen viele Monate oder Jahre ermittelt werden muss, liegt die gesamte Bandbreite staatsanwaltlicher Tätigkeit.

Für Referendare ist es wichtig, mitmischen zu können, selbst Anklagen zu schreiben und nicht zuletzt auch selbst vor Gericht aufzutreten. In einer der samtbesetzten Roben, die unter dem Nachwuchs durchgereicht werden und daher keinem genau passen. Mehr Praxisnähe macht fit für das Zweite Examen. Denn da korrigieren keine Hochschulprofessoren, sondern Praktiker.

Fälle, die hilfreich für das Zweite Staatsexamen sein können, sind in der Wirtschaftsabteilung einer Staatsanwaltschaft nicht zahlreich. Langwierige Steuerprozesse, Korruptionswesen und Insolvenzstraftaten gehören nicht zum Standardrepertoire im juristischen Vorbereitungsdienst.

Mein Ausbilder, ein Staatsanwalt als Gruppenleiter, überlegte sich, wie in den Monaten meiner Strafstation etwas Farbe und Examensrelevanz in meine praktische Ausbildung zu bekommen wäre. Ein neuer Kollege, frisch versetzt aus einem anderen Bundesland, hatte gerade die »Kap-Sachen« übernommen. Er war verantwortlich für eines der beiden Dezernate, in denen Mordfälle und schwere Gewaltverbrechen ermittelt wurden.

»Auf zu neuen Ufern, Frau Ringwald!«

Mein Ausbilder brachte mich zu seinem jüngeren Kollegen in das untere Stockwerk. Wir liefen den wandvertäfelten Gang entlang. Inmitten eines ausreichend, aber nicht üppig ausgestatteten Büros stand ein Staatsanwalt Mitte 30 und sprach mit einer älteren Dame. Wie sich herausstellte, eine Rechtspflegerin, zu deren Aufgabe insbesondere die Strafvollstreckung gehörte. Sie wirkte unzufrieden.

Die beiden hatten ihr Gespräch nahezu beendet, sie grummelte etwas wie ein »Na gut« und er schenkte ihr mit den Worten »Ich danke Ihnen« ein freundliches Lächeln, das sie nicht mehr wahrnahm. Fröhlich seufzend gab er meinem Ausbilder die Hand.

»Ich habe Ihnen meine Referendarin, Frau Ringwald, mitgebracht, die gerade ihre Strafstation begonnen hat. Wie angekündigt, würde ich sie gerne einmal in Ihre Obhut geben, da Ihre Fälle für die jungen Leute doch ein wenig spannender und auch examensrelevanter sind als meine.«

Mein staatsanwaltlicher Ausbilder lächelte gewinnend.

Sein jüngerer Kollege schüttelte mir die Hand, er hatte ein offenes Gesicht, trug Jeans und ein Sakko. Hinter ihm türmten sich Akten, viele davon zusammengehalten mit Aktengürteln – weshalb sie auch »Gürteltiere« genannt werden. Was ich jedoch erst sehr viel später lernen durfte.

»Wie schön, Frau Ringwald, ich hoffe, es gefällt Ihnen bei uns, zu tun ist genug.«

Mein Begleiter trug ihm sein konkretes Anliegen vor.

»Sie sind doch Ende der Woche beim Schwurgericht eingeteilt, wie ich gesehen habe. Ich habe Frau Ringwald gebeten, dem Prozess im Zuschauerraum beizuwohnen. Es wird ja auch einiges an Presse erwartet. Vielleicht können Sie sie, sollte sie Fragen haben, ein bisschen unter Ihre Fittiche nehmen.«

Es stand eine große Hauptverhandlung vor dem Schwurgericht an. Der tragische Fall einer jungen Mutter, die eine Schwangerschaft verheimlicht hatte. Aus Angst vor den eigenen Eltern und vielem anderen brachte sie das Kind selbst zur Welt und setzte es in einer Mischung aus Verzweiflung und Angst im Gebüsch vor dem Krankenhaus so aus, dass es wenig später verstarb. Sie handelte, wie sie später sagen würde, in der Hoffnung, jemand würde es entdecken. Sie war gerade einmal 25 Jahre alt und würde zwei Tage später zu einer Freiheitsstrafe von sechseinhalb Jahren verurteilt werden.

»Da sind Sie schneller als ich, ich muss noch in die Akte reinschauen. Gerade verhandle ich noch eine zweite Sache und kam noch gar nicht zu diesem Fall. Und ja, Frau Ringwald, kommen Sie gerne mit. Ich beantworte Ihnen alle Ihre Fragen, wenn ich kann. Spätestens in den Sitzungspausen.«

Er zwinkerte mir zu.

Nur noch zwei Tage bis zu einer großen Hauptverhandlung vor dem Schwurgericht. Wegen des Vorwurfs des Totschlags. Und derjenige, der die Staatsanwaltschaft vor einem fünfköpfigen Spruchkörper vertreten sollte, hatte noch nicht einmal in die Akten schauen können, weil andere Verfahren dringender waren. Die Laune verdarb es ihm nicht. Mehr noch: Es schien ihm nicht einmal Druck zu machen.

Spätestens an dieser Stelle wurde mir klar, was die Staatsanwaltschaft für ein Betrieb ist. Wieso man staatsanwaltliches Handeln für die »Kavallerie des Rechts« oder auch eine geländegängige Angelegenheit hält.

Der noch recht junge Kollege hatte sich erst wenige Wochen zuvor an diese Staatsanwaltschaft versetzen lassen und das Dezernat seines Vorgängers übernommen. Den Fall, der zur Verhandlung anstand, hatte er selbst nicht ermittelt. Aber ihm wurde nun die Aufgabe gestellt, die Anklage zu verlesen, möglicherweise Beweisanträge zu stellen, Zeugen zu befragen, die Aussage eines psychiatrischen Sachverständigen einzuschätzen und am Ende das Plädoyer zu halten. Denn sein Vorgänger hatte die Behörde gewechselt.

Auch ein Vorgang, der recht häufig vorkommt, wie ich noch erfahren durfte.

»Ich kann Ihnen jetzt leider noch keine Fragen beantworten, aber bis übermorgen bin ich drin, dann stehe ich Ihnen Rede und Antwort.«

Kapitaldelikte im Fluge nebenbei vorbereiten. Bei der Staatsanwaltschaft darf man sich anschnallen.

Staatsanwälte unterschreiben keinen Arbeitsvertrag. Wir werden in das Amt der Staatsanwältin oder des Staatsanwalts gehoben. Der Grundsatz ist eine Tätigkeit auf Lebenszeit im höheren Justizdienst eines Landes. In den ersten drei Jahren war ich streng genommen keine Staatsanwältin, sondern Proberichterin »in staatsanwaltlicher Verwendung«. Die Nomenklatur lässt an kaum einer Stelle allzu viel Abgehobenheit zu. Die Tätigkeit ebenso wenig.

Ein Großteil staatsanwaltlicher Arbeit ist Handwerk und Erfahrungswissen. Alle Anträge parat zu haben, die man stellen oder mit denen man konfrontiert werden könnte, hilft wenig in der Dynamik zwischen scheppernden Telefonen, Haftvorführungen bei den Ermittlungsrichtern, Sitzungsdienst bei Gericht oder dem Einsatz bei Durchsuchungen, bei denen es nicht selten ein wenig anders laufen kann als geplant. Es werden Sachen gefunden, mit denen keiner rechnete, Zeugen werden zu Beschuldigten, es tauchen weitere Garagen auf, in denen sich weitere Beweise finden lassen. Und vieles davon erfordert die sofortige Entscheidung der Staatsanwältin vor Ort.

Die geringste Rückzugsmöglichkeit für eine Staatsanwältin bietet der Auftritt bei Gericht. Wie die meisten meiner Kollegen werde ich nicht vergessen, wie es war, als ich erstmals die Ausleihrobe bei der »Sitzungsliste« abholte. Sie ist kein Blatt Papier, sondern eine Tätigkeit, die nicht selten durch Mitarbeiter der Behördenleitung ausgeübt wird. Die Planung der Sitzungsvertretung bei Gericht ist absoluter Arbeitsalltag in einer Staatsanwaltschaft und lässt sich vergleichen mit einem OP-Plan oder der Dispo in einem Logistikbetrieb.

Wenn ein Kollege mit weißer Krawatte in seinem Büro sitzt und tippt, kann man sich sicher sein, dass er die Sitzungspause nutzt, um ein paar Akten wegzuschaffen. Die Strafjustiz arbeitet sich wie eine geräuschvolle Dampflok durch die Verfahren, und dabei sind Referendare eine willkommene Möglichkeit, Sitzungsdienste bei Gericht zu vergeben und damit die Last auf mehreren Schultern zu verteilen.

»Sie füllen alles aus nach der Sitzung, lassen es Ihren Staatsanwalt unterschreiben und bringen dann einfach am nächsten Tag die Mappe und die Robe wieder zurück.«

Einfach. Mein Schweigen wurde unterbrochen.

Eine Staatsanwältin mit eigener Robe über dem Arm steckte den Kopf durch die Tür:

»Ich habe eine Fortsetzung gefangen bei der Elften. Trägst du mich für Donnerstag aus?«

Die 11. Strafkammer brauchte in einem Verfahren ungeplant einen weiteren Sitzungstag und ging in die Verlängerung. Die Dame mit dem Kopf über der Sitzungsliste winkte ihr zu und kam ins Grübeln. Jemand musste für den Dienst eingeteilt werden, den die schon wieder verschwundene Staatsanwältin am Donnerstag nicht wahrnehmen konnte.

»Brauchen Sie noch was, Frau Ringwald?«

Taubenschlag trifft die Situation ganz gut.

Es wurde Zeit, ins kalte Wasser zu springen. Mit meiner Ausleihrobe.

Sich im Sitzungssaal stimmlich zu akklimatisieren, gelingt Staatsanwälten recht gut, denn sie verlesen immer zunächst die Anklage.

Nach der Feststellung durch das Gericht, dass der oder die richtige Angeklagte im Sitzungssaal sitzt, ist es der erste größere Redebeitrag in der Hauptverhandlung beim Strafgericht.

Die Anklageschrift vorzulesen, ist nicht schwer. Bis auf eines: Wenn gegen einen Straftäter ermittelt wird, nennen wir ihn Beschuldigten.

Gegen ihn Anklage zu erheben, macht ihn zum Angeschuldigten. Und erst wenn die Anklage zugelassen und das Hauptverfahren eröffnet sind, ist vom Angeklagten die Rede.

Ob ein Referendar im Sitzungsdienst war, kann man auch daran erkennen, dass auf der Ablichtung der Anklage in der Handakte fein mit Bleistift jede Benennung des »Angeschuldigten« durchgestrichen und mit »Angeklagter« überschrieben wurde. Denn das ist vorzulesen, obwohl etwas anderes auf dem Dokument steht, das man verliest. Man möchte sich schließlich nicht als Anfänger outen. Und ist das geschafft, heißt es Freischwimmen mit Regeln.

Beim Strafgericht gibt es nur den Sprung ins kalte Wasser. Die Vorbereitung in der Bibliothek ist eine Trockenübung, der man nicht allzu viel beimessen sollte. Wenn eine Verteidigerin einen Beweisantrag auf Vernehmung eines Zeugen zum Beweis einer bestimmten Tatsache stellt, etwa dazu, dass der Angeklagte an besagtem Abend beim Billardspielen war, hat die junge Referendarin dazu direkt Stellung zu beziehen. Da müssen Strafprozessordnung, Fall und Stimme gleichzeitig schnurren. Ein Vorgang, den erfahrene Kollegen aus dem Ärmel schütteln, der den Blutdruck einer jungen Bibliotheksjuristin aber blitzschnell in die Höhe schnellen lässt.

Als Referendarin den staatsanwaltlichen Sitzungsdienst wahrzunehmen, ist wie Fahrstunden nehmen, bloß dass der Fahrlehrer in seinem Büro sitzt und nur angerufen wird, wenn es wirklich brennt. Man fährt grundsätzlich allein.

Bei meinem Ersteinsatz schrieb ich fleißig alle Zeugenaussagen mit. Doch es half mir wenig. In einem Moment, in dem der Fall einer Körperverletzung für mich noch so diffus war, dass ich gerne einmal davongelaufen wäre, um meinen Ausbilder zu fragen, was nun die richtige Entscheidung sei, war die Beweisaufnahme auch schon vorbei.

»Wenn keine weiteren Anträge gestellt werden, schließe ich nun die Beweisaufnahme.«

Der Vorsitzende Richter, der mir als Zeichen der Verbundenheit – keiner von uns vergisst die Referendarzeit – vor dem Prozess zugezwinkert hatte, schaute mich freundlich, aber auffordernd an. Einen Beweisantrag hatte ich nicht. Einen Plan ebenso wenig. Aber nun die Aufgabe, zu plädieren, und zwar aus dem Stand.

Als ich im Februar 2010 die Zusage von der Justiz bekam, gab es nicht viel Auswahl.

»Sie können in Ihrer Erstverwendung zur Staatsanwaltschaft oder ans Sozialgericht. Aber glauben Sie mir, dabei bleibt es ohnehin nicht.«

Ob das für mich Gutes oder weniger Gutes bedeuten sollte, konnte ich damals nicht einschätzen. Aber ich hatte Beistand.

Ein guter Freund meines Bruders war bereits Staatsanwalt und stand gerne für ein Beratungsgespräch zur Verfügung. Dass er von seinem Job begeistert war, war nicht zu überhören. Diebisch erfreut darüber, eine Gelegenheit zu haben, den Richterdienst als weniger aufregend zu klassifizieren, erzählte er mir munter von seiner Tätigkeit.

Im Gedächtnis blieb mir eines.

»Jana, bei der Staatsanwaltschaft hast du immer die besseren Geschichten.«

Gut ein Jahr später hörte ich diesen Satz in abgewandelter Form.

»Frau Ringwald, in diesem Job haben Sie das Leben auf dem Tisch.«

Der Leiter der Abteilung Wirtschaftskriminalität schaute mich mit einem Blick an, der Einladung und Ermahnung zugleich war.

Auf seinem Tisch lagen Akten über Akten. Keine von ihnen atmete oder erhob Widerworte. Zwischen all diesen Aktendeckeln Geschichten. Geschichten des Scheiterns, des Betrügens, Geschichten des Umgehens und der Suche nach einem finanziellen Vorteil.

Wirtschaftsstaatsanwälte werden anders herausgefordert als ihre Kolleginnen und Kollegen, die Kapitalverbrechen oder Missbrauch verfolgen. Es geht um Zahlen, Geld und den schnellsten Weg dahin. Und das lässt es einen in den meisten Fällen emotional recht gut ertragen, womit der eigene Arbeitstag und die Akten gefüllt werden. Was Staatsanwälte und Polizisten vor erschütternden Einblicken in menschliche Abgründe schützt, ist die nüchterne und ernüchternde Welt der Zahlen, Rechnungen und Bilanzen. Die es selten ins Fernsehen schaffen.

Das Bild der Staatsanwältin im Trenchcoat am Tatort existiert aus einem ganz bestimmten Grund. Kriminalliteratur versorgt Leserinnen und Leser in aller Welt mit der Spannung strafrechtlicher Ermittlungen. Dass hierbei die schnöde Realität sich türmender Akten etwas stören würde, führt zu Erzählformen, die alles auf den großen Fall konzentrieren, auf die eine große Tragödie. Die eine schlimme Tat. Und meistens geht es um ein Gewaltverbrechen.

Die Faszination eines Kapitalverbrechens, der ultimativen menschlichen Grenzüberschreitung, fasziniert Menschen so sehr, dass es auch vor Staatsanwältinnen und Staatsanwälten nicht Halt macht. »Kap-Sachen« heißen bei uns die Dezernate, in denen in der Sache ermittelt wird, worum sich Krimis drehen. Womit Menschen freiwillig ihre Abende füllen. Und wofür sich auch der staatsanwaltliche Nachwuchs interessiert.

»Wir haben das Leben auf dem Tisch, Frau Ringwald.«

Dieser Satz ergriff mich. Er machte mich stolz, zu denen zu gehören, die das von sich und ihrem Beruf behaupten können. Und er tat es aus einem Grund, den ich unpopulär nennen möchte.

Eine Krimireihe ist nicht dazu da, die Tätigkeit von Polizei und Justiz realitätsgetreu abzubilden. Ebenso wenig wie dies Arztserien sind. Es ist nicht tragisch, dass diese Formate dem Job nicht gerecht werden. Denn einen Arzt kann man in seiner Praxis besuchen. Eine Ärztin kann man, um sich ein Bild zu machen, im Krankenhaus erleben.

Staatsanwälte besucht niemand freiwillig. Sie reden nahezu nie in der Öffentlichkeit über das, was hinter den Kulissen geschieht.

Mein Beruf spielt sich im Verborgenen ab.

Strafrechtliche Ermittlungen gliedern sich in einen verdeckten und einen offenen Teil. Verdeckte Ermittlungen bedeuten, dass wir an Informationen kommen, ohne dass die Betroffenen davon wissen. Offen geführte Ermittlungen bedeuten, dass die Verfahrensbeteiligten den Stand der Ermittlungen erfahren.

Aber die Öffentlichkeit ist keine Verfahrensbeteiligte. Und die Staatsanwaltschaft eine Behörde, die sich mit der kriminellen Welt anlegt.

Es fasziniert die Menschen, was eine solche geheimnisvolle Behörde tut.

Wenn es schon nicht ist wie im Tatort.

Wie ist es dann?

Laut Bundestagsdrucksache 19/25035 arbeiteten im Jahre 2020 in Deutschland 6091 Staatsanwältinnen und Staatsanwälte. Das sind gar nicht viele, gemessen an anderen Berufsgruppen gar verschwindend wenige. Richterinnen und Richter brachten es auf 22 804. Doch diese Zahl verzerrt. Staatsanwälte gehören nur in den Strafprozess. Wer seinen Nachbarschaftsstreit gerichtlich entschieden wissen will, wer Klage beim Finanzgericht einreicht oder gegen einen Bebauungsplan vorgeht, wird keine Staatsanwältin treffen. Sie kümmert sich nur um das Strafrecht, den Randbereich dessen, was wir rechtlich regeln müssen.

»Wir investieren nur in Sie, wenn Sie auch ein wenig bei uns bleiben, Frau Ringwald.«

Das war der Satz, den ich in meinem zweiten Gespräch mit dem Abteilungsleiter der Wirtschaftsabteilung hörte. Er besuchte mich in meinem Büro in einem provisorischen Seitentrakt der Staatsanwaltschaft, um sich die junge Kollegin einmal anzuschauen, die nach neun Monaten Berufserfahrung kühn genug war, ihr Interesse für Wirtschaftsstrafsachen zu bekunden. Ein Stuhl passte neben meinen Schreibtisch in dem Büro mit Dachschräge.

Herr Oberstaatsanwalt stützte sich mit seinem Ellenbogen auf meinem Tisch ab und schaute mich an: »Bei uns in der Wirtschaft sind die Akten dicker, Frau Ringwald, viel dicker als hier in der Allgemeinen.«

Wie sind Staatsanwälte, was ist das für ein Schlag? Wovor haben Staatsanwälte Angst? Was treibt sie an? Was freut sie? Was ärgert sie? Was schweißt sie zusammen? Warum machen sie genau diesen Job?

Eine wenige Jahre ältere Kollegin brachte es in meinem ersten Dienstjahr auf den Punkt: »Du brauchst bei uns schon Verfolgungseifer, sonst hat es keinen Sinn.«

Staatsanwälte retten niemanden. Sie fegen Scherben zusammen. Sie geben nachts im Schlafanzug Anweisungen, Beweismittel sicherzustellen, und fahren am Wochenende zum Amtsgericht, um den Antrag zu stellen, gegen einen Beschuldigten die Untersuchungshaft anzuordnen.

Staatsanwälte finden deutliche Worte im Plädoyer und diskutieren mit Verteidigern bei der Durchsuchung. Sie unterstützen einander in schwierigen Verfahren und veranstalten Fußballturniere gegen Polizei, Vollzug und die leidgeplagte Truppe des Oberlandesgerichts.

Staatsanwälte sind oft extrem belastbar, hartnäckig, unnachgiebig und ausdauernd. Sie sind erschöpft und erschüttert, müde und frustriert.

Staatsanwälte graben sich tief in die Rechtsmaterie und stapeln hoch, wenn es der Fall hergibt. Sie führen Kreuzverhöre, besänftigen Angehörige und schreddern ihr Papier selbst. Sie halten den Laden zusammen und machen jede Menge Überstunden.

Staatsanwälte sind Juristen, Strafverfolger, Idealisten, Wahrheitsfinder und Wettkämpfer. Sie können behaupten, einen wichtigen Beruf auszuüben, und müssen dafür einiges ertragen.

Und eines können sie ebenfalls.

Staatsanwälte können richtig gute Geschichten erzählen.

Denn sie haben das Leben auf dem Tisch.

KAPITEL 7

IN JEDEM TÄTER KÖNNTE AUCH EIN GUTER ANGEKLAGTER STECKEN

DIE STRAFVERFOLGUNG verfolgt Straftaten. Mit festgelegten Rollen. Angeklagte und Verteidiger, Richter und Staatsanwälte verhindern und enthüllen, streiten und gestatten. Doch es geht auch anders. Dies ist die Geschichte von einem, der uns als guter Angeklagter den Spiegel vorhielt. Ein Täter, der bis heute nicht mehr straffällig wurde.

Es geschieht immer unerwartet. Dass mich die Aussage eines Angeklagten berührt. Wenige Jahre vor meiner Zeit als Cyberstaatsanwältin erlebte ich, wie das letzte Wort eines Angeklagten Stille in den Gerichtssaal einkehren ließ.

Hinter uns lagen zähe Wochen des Verhandelns. Sie drehten sich um den Vorwurf der mehrfachen Steuerhinterziehung in einem besonders schweren Fall. Der Vorsitzende ging den meisten Beweisanträgen der Verteidigung nach, arbeitete gründlich das umfangreiche Beweismaterial ab und führte die Hauptverhandlung in freundlicher, aber stoischer Sachlichkeit.

Dem Mann, der mir gegenübersaß, warf ich in meiner Anklage vor, über viele Jahre Scheinrechnungen geschrieben zu haben, um auf diese Weise im Wege des Vorsteuerabzugs Erstattungen des Finanzamts für Leistungen zu kassieren, die tatsächlich nicht erbracht worden waren. Ich hatte mich bereits auf viele Wochen des Verhandelns eingestellt. Die Verteidigung hatte seit den Durchsuchungsmaßnahmen auf dem Firmengelände und in den beiden Wohnungen des Angeklagten gemauert. Ein Geständnis war nicht zu erwarten und fiel auch nicht während der Hauptverhandlung. Allerdings wurden die Beweisanträge weniger. Die Fragen an Zeugen weniger scharf, die Anmerkungen bei der Inaugenscheinnahme von Dokumenten am Richtertisch weniger zahlreich.

Der Angeklagte schwieg nahezu die gesamte Zeit. Ihm war nicht anzumerken, wie es in ihm aussah. Bisweilen erschien er mir naiv. Als hätte er noch gar nicht realisiert, wo er sich befand. Er war immer höflich, gut gekleidet, sprach gutes, aber kein perfektes Deutsch. Während sein Verteidiger immer weit über seinen Tisch gebeugt saß, lehnte der Angeklagte, er war 46 Jahre alt, stets ein wenig nach hinten und schaute bei allen aufkommenden Fragen immer zunächst seinen Verteidiger an.

Lange Prozesse zermürben, aber dieser hatte sich nach wenigen Verhandlungstagen eingespielt. Es kam keine Aggressivität auf, auch wenn meine Auffassung und diejenige der Verteidigung nicht weiter hätten auseinanderliegen können. Es ist schnell beschrieben. Ich hielt das Rechnungswesen des Angeklagten in großen Teilen für eine Luftnummer, die Verteidigung beharrte auf dem Standpunkt, die Rechnungen seien leistungsunterlegt.

So kompliziert das Steuerrecht auch werden kann, wir hatten eine sehr tatsächliche Frage zu klären. Wurden Sprudelflaschen und Melonen wirklich verkauft – oder nicht?

Irgendwann war es erschöpft, das einzubringende Beweismaterial, und ich war zuversichtlich, dass es zu einer Verurteilung kommen würde. Ein Gericht sollte sich nicht in die Karten schauen lassen. Befangenheitsanträge sind schnell gestellt, auch wenn sie einen gestandenen Richter nicht aus der Ruhe bringen. Im Idealfall arbeitet das Gericht einfach das Beweismaterial ab. Es orientiert sich daran, ob die mit ihm zu beweisende Tatsache eine Relevanz für die Tataufklärung entfaltet, nicht bereits erwiesen ist oder als offenkundig gelten kann. Über diese Fragen kann lange gestritten werden.

Der Vorsitzende Richter hatte ein gutes Maß gefunden, Anträgen, die gerade noch sachdienlich erschienen, stattzugeben und solche, die es nicht mehr taten, in gesichtswahrender Weise für die Verteidigung abzulehnen.

Schließlich war der Moment gekommen, der eine Zäsur in die Hauptverhandlung setzt. Sie lautet immer gleich. Wie der Spruch eines erfahrenen Schiedsrichters, den jeder mitsprechen kann: »Da keine weiteren Anträge gestellt werden, schließe ich hiermit die Beweisaufnahme.«

Was dann folgt, sind die Schlussvorträge: die Plädoyers. In der ersten Instanz trägt immer die Staatsanwaltschaft als Erstes vor. Als Anklagebehörde ist sie die erste Antragstellerin.

Was das Plädoyer der Staatsanwaltschaft zu enthalten hat, ist geregelt. Nummer 138 der Richtlinien für das Strafverfahren und das Bußgeldverfahren (RiStBV) besagt: »Der Staatsanwalt erörtert in seinem Schlussvortrag das Gesamtergebnis der Hauptverhandlung und würdigt es tatsächlich und rechtlich.«

Im Idealfall trägt die Staatsanwaltschaft alles vor, an das auch das Gericht zu denken hat. Und es gilt als besonders elegant, wenn einer oder einem Vorsitzenden nicht viel mehr bleibt, als das zu wiederholen, worauf das staatsanwaltliche Plädoyer bereits einging.

Das Plädoyer ist ein Kernstück staatsanwaltlicher Tätigkeit. Es ist ein Vortrag, der nach festen Regeln zu erfolgen hat, aber jede Menge Raum lässt, die eigene Persönlichkeit einzubringen. Staatsanwältinnen und Staatsanwälte wissen voneinander nur in Einzelfällen, wie sie plädieren. Das wissen Richterinnen und Richter besser. Sie hören und sehen es an jedem ihrer Sitzungstage.

»Wir gehen schon einmal in Deckung«, war die Aussage einer Kammervorsitzenden, die eine sehr energische meiner Kolleginnen stolz machte. Sie war dafür bekannt, zu feuern und den bestehenden Spielraum für die, wie sie es nannte, gebotene Empörung zu nutzen.

Unvergessen blieb auch das Plädoyer eines Kollegen in einem Fall von Steuerhinterziehung, das er mit der abgelösten rechten Lehne seines Sitzungssessels in der Hand hielt. Nur um zu verdeutlichen, dass Steuerhinterziehung kein Kavaliersdelikt sei. Sondern auch die staatliche Mindestausstattung gefährde.

Ich erhob mich, richtete das Mikrofon aus und begann mein Plädoyer. Im Gegensatz zur Verteidigung haben wir die Pflicht, den Fall tatsächlich und rechtlich vollständig darzustellen, inklusive eines Strafantrags, einem Antrag dazu, ob Untersuchungshaft fortzubestehen habe, ob Erlangtes oder Tatmittel einzuziehen sind oder nicht, um nur eine Auswahl zu nennen.

Der Anklagte folgte meinen Worten mit großer Aufmerksamkeit.

Ich fasste das Ergebnis der Beweisaufnahme zusammen und erläuterte, aus welchen Gründen ich den Anklagevorwurf für bestätigt erachtete. Der aufgeräumte Blick des Mannes drang zu mir durch und stimmte mich milde. Ich rang innerlich mit mir, diesen Einfluss zuzulassen.

Ich plädierte wie geplant, jedoch nahm ich meinem Vortrag die sprachliche Schärfe. Denn in den Augen des Angeklagten sah ich Akzeptanz. Er hörte mir zu, sein Blick war offen, manchmal nickte er. Sein gesamtes Erscheinungsbild wirkte würde- und verständnisvoll. Dieser Mann, der zunächst alle Vorwürfe bestritten hatte, saß da ganz und gar friedlich. Und ich spürte, wie unnötig es wurde, mit der eingeplanten Härte aufzutreten. Ich forderte eine Freiheitsstrafe von zweieinhalb Jahren. Über eine Bewährung ist bei mehr als zwei Jahren nicht mehr zu befinden.

Auch das nahm der Angeklagte ohne ein Stirnrunzeln hin.

Den Ausführungen seines Verteidigers, der nur noch mäßig versuchte, den Vorwurf zu entkräften, sondern eine milde Strafe forderte, folgte er mit ähnlichem Interesse. Als würde er sich zwei Versionen einer Geschichte anhören. Bevor ihm der Vorsitzende Richter das letzte Wort erteilte.

In vielen Prozessen schließen sich Angeklagte den Worten ihrer Verteidigung an oder sagen nichts mehr. Einige halten noch einmal ein eigenes Plädoyer. Das Recht des letzten Wortes ist unumstößlich und darf nicht beschnitten werden. Es Angeklagten nicht einzuräumen, ist ein Verfahrensfehler und damit grundsätzlich ein Revisionsgrund.

Das letzte Wort ist ein Anker der Rechtsstaatlichkeit. Es ist mehr als das rechtliche Gehör, das schon bei den Ermittlungen eine große

Rolle spielt. Eine Anklage ohne vorherige Anhörung ist für Staatsanwälte so undenkbar wie für Chirurgen eine OP ohne vorherige Handdesinfektion. Und auch während der gesamten Hauptverhandlung bekommt der oder die Angeklagte immer die Gelegenheit, sich zu äußern, Anträge zu stellen, Zeugen zu befragen und die eigene Sicht der Dinge darzulegen.

Zu alledem sollen es seine und nur seine Worte sein, die die Hauptverhandlung beschließen. Selten nutzen Angeklagte dieses Recht in einer Weise, die in Erinnerung bleibt. In diesem Fall war das anders. Der Angeklagte erhob sich und sagte in seiner einfachen Sprache sinngemäß Folgendes:

»Herr Vorsitzender, Frau Staatsanwältin, ich möchte mich bei Ihnen bedanken. Ich habe ein Geschäft geführt, das so nicht in Ordnung war. Und ich muss dafür die Konsequenzen tragen. Ich weiß, dass es keine Rolle mehr spielt, aber mein Leben war sehr schwierig.«

An dieser Stelle kämpfte er mit den Tränen.

»Und ich habe noch nie erlebt, dass mit mir so respektvoll umgegangen wird wie hier im Gerichtssaal.«

In diesem Moment nahm sein Verteidiger den Blick von seinem Skript und schaute auf zu seinem Mandanten.

Im Gerichtssaal herrschte absolute Stille.

Der Angeklagte fuhr fort.

»Ich weiß, dass Sie nur Ihren Beruf machen, und Sie machen ihn nicht, wie ich dachte. Ich muss die Verantwortung tragen für diese Betrügereien. Und ich möchte so auch nicht weiterleben. Ich weiß, dass ich dafür ins Gefängnis muss. Und ich werde die Strafe annehmen, die Frau Staatsanwältin gefordert hat. Weil ich neu anfangen will. Sie waren so freundlich zu mir und ich habe gesehen, wie es ist, wenn man fair und respektvoll behandelt wird. Wo ich herkomme, ist das anders. Ich danke Ihnen und entschuldige mich für das, was ich getan habe.«

Erst jetzt wischte er sich die Tränen aus dem Gesicht.

Vor uns stand kein Straftäter mehr. Vor uns stand ein Mensch. Ein Mensch, der würdevoll zu seiner Tat stand. Der sich bedankte für einen gegen ihn geführten Strafprozess.

Ich meinte im Verhalten des Vorsitzenden Richters zu erkennen, dass er kurz zögerte, bevor er seine letzte Ankündigung tätigte: »Die Urteilsverkündung findet um 14 Uhr statt.«

Lob und Dank von einem Angeklagten zu ernten, dessen Verurteilung ich gerade über einem bewährungsfähigen Maß beantragt hatte; darauf war ich nicht vorbereitet gewesen. Nicht eine Sekunde empfand ich es als Adelung meiner Arbeit. Obwohl der Mann, dessen Geschäftsleben wir über Wochen von links nach rechts gedreht hatten, nun gewissermaßen ein Geständnis abgelegt hatte.

Aber hatte er das wirklich?

Bis 14 Uhr war noch Zeit, und ich begab mich nach draußen. Der Wachtmeister bedeutete mir, dass der Saal bis zur Urteilsverkündung abgeschlossen werde. Ich warf meine Robe über den Sitzungssessel und verließ mit Jacke und Portemonnaie den Sitzungssaal.

Vor dem Gerichtsgebäude sah ich den Angeklagten mit Teilen seiner Familie stehen. Seine Frau schaute ihn besorgt an. Der Verteidiger stand etwas abseits und telefonierte.

Auch wenn es kein Protokoll verlangt. Nach den Plädoyers und vor dem Urteil ist eine besondere Form der Unzeit und des Abstands. Man bleibt diejenige, die angeklagt hat.

Ich lief einfach los in die entgegengesetzte Richtung. Und in mir hämmerten die Worte: War das bloß ein Geständnis? Was war das? Ich kreuzte die Straße und zog meinen Kragen nach oben, der Wind war kalt, aber ich wollte nirgendwo einkehren. Dabei hatte ich meinen Job gemacht, und wie es ausschaute, auch richtig gut. Ich zweifelte nicht an einer Verurteilung und hätte in Ruhe essen gehen können. Um mir nach einer ausgiebigen Mittagspause das Urteil anzuhören. Keiner hätte mehr von mir verlangt.

Selbstentdeckung ist nicht vorgesehen in meinem Beruf. Wir decken auf, was die anderen getan haben. Mein Job ist eine Einbahnstraße. Doch meine Rastlosigkeit zeugte von etwas anderem. Dieser Angeklagte hatte etwas mit mir gemacht. Er hatte mich erreicht, und ich konnte nicht einordnen, wie er das getan hatte. Natürlich, es war unerwartet, was er gesagt hatte. Nach all dem Schweigen und einer auf Widerstand ausgerichteten Verteidigung.

Ein Geständnis ist etwas wert. Bis zu etwa einem Drittel kann das Gericht das Strafmaß senken, wenn ein plausibles, von Reue getragenes Geständnis abgelegt wird. Es verliert jedoch entlang des Zeitstrahls an Kraft. Je später es kommt, desto weniger wird ihm die strafmildernde Reue eingeräumt. Je mehr es nur bestätigt, was bereits bewiesen ist, desto weniger trägt es zur Aufklärung bei. Dieses Geständnis hätte buchstäblich nicht später kommen können.

Doch es kam mir vor, als hätten den Angeklagten diese rechtstechnischen Zusammenhänge gar nicht interessiert. Das letzte Wort des Angeklagten war kein Kalkül.

Es war etwas anderes.

Es war die vollumfängliche Aufgabe seines Widerstands.

Als würde es keine Rolle mehr spielen, was im Einzelnen falsch und richtig, was die Wahrheit und was eine Lüge gewesen war.

Der Angeklagte wollte hinter sich lassen, was gewesen war. Er wollte diese Biathlon-Strafrunde nutzen, um dann wieder ins Rennen einzusteigen. Der Angeklagte plädierte für sich. Er nutzte die Öffentlichkeit, er nutzte den Gerichtssaal, um sich selbst sagen zu hören, dass er einen Neuanfang will. Nach dem Hin und Her der Hauptverhandlung. In der alle außer ihm ihre Rollen hatten und für die all das keine Konsequenzen haben würde.

In dem Moment, in dem ihn niemand, nicht einmal der Vorsitzende, unterbrechen durfte, nutzte der Angeklagte seine Chance. Sein letztes Wort war sein erster Schritt in ein neues Leben.

Und auf einmal begriff ich, dass dieses letzte Wort nicht die Bestätigung meiner Anklage war.

Der Angeklagte erinnerte mich. Er holte etwas hoch, das ich in die Untiefen unangenehmer Erlebnisse verfrachtet hatte. Wo es seit einigen Jahre ruhte.

Oktober 2010

Wir waren mit dem Auto in Patagonien unterwegs und hatten einen Schaden am Wagen, den wir sofort meldeten. Selbstverständlich waren wir dafür versichert. Bei Abschluss des Mietwagenvertrags hatten wir ein nahezu lächerliches Deposit von umgerechnet fast 6000 Euro zu hinterlegen, das den Gegenwert des Wagens unübersehbar überstieg. Bei seiner Rückgabe erhielten wir keine Auskunft, die Reise ging weiter mit dem Überlandbus. 1200 Kilometer über Nacht. Keine Zeit für Diskussionen. Der Wagen müsste erst einmal inspiziert werden.

Zurück in Deutschland erhielten wir die Nachricht, dass unsere Versicherung nicht greifen würde. Es handle sich um einen nicht versicherten Totalschaden, es wurden über das Deposit hinaus weitere Schadenersatzforderungen gegen uns geltend gemacht.

Auch wenn ich gerade eine junge Staatsanwältin geworden war, wurde ich kreidebleich. Ein uralter Chevrolet, der irgendwo, weit weg auf einem anderen Kontinent stand, ließ mich nicht mehr schlafen.

»Das könnt ihr nicht auf euch sitzen lassen, das ist Betrug!«, hieß es beim Abendessen und am Telefon. »Das musst du doch durchboxen, du bist Staatsanwältin.« Das war in etwa der Tenor des mitfühlenden Umfelds.

Und ich verspürte nur eins: um 6000 Euro gebracht, wollte ich einfach meinen Frieden. Und den gab es nur ohne diese Summe. Wir beschlossen, nichts mehr in der Sache zu unternehmen. Zu der Forderung uns gegenüber hörten wir nie mehr etwas.

Wir hätten uns abmühen, einen Prozess mit einer internationalen Mietwagenfirma führen können. Oder aus dem Widerstand treten, die Last ablegen, neu anfangen. Und aufatmen.

Die Wut und Ohnmacht von damals hatten mich veranlasst, über diese Sache niemals mehr zu sprechen. Der Angeklagte hatte sie hervorgeholt und sie mir, ohne es zu wissen, erklärt: Wir hatten damals das Richtige getan. Es war lebensklug gewesen, den Widerstand aufzugeben, nicht auf etwas zu pochen, sondern unser Leben ohne diesen Kampf zu leben. Genau, wie er es jetzt getan hatte.

Der Angeklagte hatte das Urteil bereits angenommen, bevor es fiel. Er machte es nicht vom Urteil abhängig, wie er sein Leben gestalten würde, sondern er nahm es zum Anlass, in ein legales Leben einzutreten. Mit der Annahme des Urteils und der Aufgabe des Widerstands entlastete er sich selbst.

Ich war weit gelaufen. Der Wind zwang mich, nun doch irgendwo ein warmes Plätzchen zu suchen. Auch ihm leistete ich keinen Widerstand mehr.

Die Kammer blieb zwei Monate unter meinem Antrag und führte in den Urteilsgründen aus, sie habe erkennen können, dass der Angeklagte nicht nur zu seinen Straftaten stand. Sondern, dass er spürbar eine Umkehr in seinem Leben ansteuere.

Es ist ein Leichtes für ein Gericht, die Ausführungen des Anklagten abzutun oder ihnen keinen Glauben zu schenken.

»Sie haben uns gezeigt, dass Sie wirklich Verantwortung übernehmen wollen für Ihr Handeln, und wir wünschen Ihnen, dass Sie nach Ihrer Gefängnisstrafe neu anfangen können.« Etwa so würdigte der Vorsitzende Richter das letzte Wort des Angeklagten.

Bei der Belehrung, dass ihm das Rechtsmittel der Revision zusteht, schüttelte dieser nur schweigend den Kopf.

Wenn ein Urteil gesprochen ist, verlässt die Kammer den stehenden Gerichtssaal. Alle anderen bleiben zurück. So war es auch hier.

Ich packte meine Sachen zusammen, nahm meine Robe über den Arm und blieb einen Moment stehen. Normalerweise ist das der Moment für ein höfliches Abschiedswort in Richtung Anklagebank. Dieses Mal trat ich auf den Angeklagten zu, schaute ihn an und wünschte ihm alles Gute. Er bedankte sich dafür. Doch eigentlich war ich es, die sich bei ihm bedankte. Ohne es auszusprechen.

Ein fairer Prozess sollte eine Selbstverständlichkeit sein, doch die Demut dieses Mannes hatte mich selbst demütig gestimmt. Er hatte durch seine Läuterung meiner Arbeit Sinn verliehen. Es herrschte Frieden im Gerichtssaal. Ich empfand die geringe Abweichung im von mir geforderten Strafmaß als sachgerecht und verspürte nichts als Respekt für ihn.

Die Ohnmacht, dass wir geschehenes Unrecht nicht ungeschehen machen können, begleitet den Strafprozess. Sie ist sein Anlass und sein Manko. Jede Form von Strafe ist ein untauglicher Versuch des Wiederherstellens einer Gerechtigkeit. Strafe stellt nicht wieder her, was zuvor zerbrach.

Ein Kollege von mir meinte einmal: »Wir schaffen keine Gerechtigkeit, wir kehren nur noch die Scherben zusammen.« Das hätte ich bis zu diesem Tag unterschrieben. Aber dieser Angeklagte eröffnete mir eine neue Sicht.

Durch eine gute Fügung war es dem Vorsitzenden, der Verteidigung und mir gelungen, eine Verhandlungsatmosphäre zu schaffen, in der sich keiner angegriffen fühlte, in der trotz widerstreitender Standpunkte sachlich vorgetragen wurde und in der keiner einem anderen ins Wort fiel. Der Angeklagte bekam mit, dass der Verteidiger und ich in Sitzungspausen und beim Warten vor dem Gerichtssaal zuvorkommend miteinander umgingen.

Der Vorsitzende Richter behandelte den Angeklagten nicht nur höflich, sondern freundlich und zugewandt. Er fragte genau nach, wenn er etwas nicht verstand, entschuldigte sich bei Versprechern und ließ ein Lächeln zu, als der Angeklagte einmal eine ungewollt ulkige Anekdote erzählte.

Es war für mich der ideale Prozess. Nicht, weil die Haftstrafe hoch genug war und die Anklage trotz anfänglicher Torpedierung durch die Verteidigung obsiegte. Sondern, weil ich den Eindruck hatte, dass alle Beteiligten und auch die Prozesszuschauer das Gesamtergebnis als gelungen empfanden. Mir wurde klar, was neben dem Beweis von Tatsachen, dem Stellen von Anträgen und Halten von Plädoyers unsere Aufgabe ist: ein gutes Beispiel des Umgangs miteinander abzugeben, um das ideale Ergebnis eines Strafprozesses zu ermöglichen. Die Umkehr des Straftäters zu einem legalen Leben.

Die Menschlichkeit dieses Prozesses war die Einladung für den Angeklagten, eine Kehrtwende in seinem Leben vorzunehmen. Ich durfte von ihm lernen und habe immer wieder seinen Namen in unsere Systeme eingegeben.

Er ist bis heute nicht mehr straffällig geworden.

KAPITEL 8

WENN DIE LÖSUNG DAS PROBLEM IST ODER DER BLINDE FLECK IN DER SCHULDFRAGE

STAATSANWÄLTE haben bei Gericht in der Regel einen eng getakteten Zeitplan. Beispiel: 9:00 Uhr Betrug, 9:20 Uhr Unterhaltspflichtverletzung, 10:15 Uhr fahrlässige Körperverletzung, 11:00 Uhr noch ein Betrug. Nach der Mittagspause um 13:00 Uhr Diebstahl, 14:00 Uhr eine weitere Körperverletzung und zum Abschluss um 15:00 Uhr Fahren ohne Fahrerlaubnis. Willkommen im Hamsterrad der Strafjustiz. Und jedes Mal geht es um die Schuldfrage. Im Detail um die persönliche Vorwerfbarkeit der Tat. Konnte der oder die Angeklagte nicht anders handeln? Wer ist schuldfähig, wer nicht? Ist der Täter oder die Täterin einsichtsfähig? Das Strafgesetzbuch umfasst 358 Paragrafen. Alle Abgründe menschlicher krimineller Energie darin abbilden zu wollen, ist unmöglich. Umso mehr stellt sich die Frage: Wie gerecht ist die Gerechtigkeit, wenn eine arbeitslose Mutter auf dem Weg zum Arbeitsamt beim Schwarzfahren erwischt wird?

»Das ist Ihre letzte Chance. Es wäre schön, wenn ich Sie hier nicht wiedersehen muss. Noch mal bekommen Sie keine Bewährung. Damit schließe ich diese Verhandlung.«

Die Vorsitzende Richterin blickte den Angeklagten nicht noch einmal an. Während sie ihre letzten Worte formulierte, schloss sie die Akte, legte sie auf den Stapel zu ihrer Rechten und holte sich von der linken Seite Nachschub. Wir waren 20 Minuten im Verzug. Der Verteidiger in der Folgesache saß bereits im Zuschauerraum des Großen Verhandlungssaals des Amtsgerichts und erhob sich für seinen Einsatz.

Eine Gesamtfreiheitsstrafe von einem Jahr und zwei Monaten, ausgesetzt zur Bewährung, hatte es für den Angeklagten gegeben. Wegen gewerbsmäßigen Diebstahls in drei Fällen. Zur Finanzierung seiner Drogensucht hatte er mehrfach in einem Kaufhaus gestohlen. Und war beim dritten Mal erwischt worden. Die ersten beiden Taten gestand er ohne Widerspruch.

Er war unzählige Male bei Gericht gewesen, kannte das alles schon. Er kannte auch die Richterin. Sein Vorstrafenregister war lang. Es las sich wie ein 13-jähriges Pingpong-Spiel zwischen Verurteilungen wegen Diebstahls und Drogenhandels. Immer schön abwechselnd. Dass er vor elf Jahren auch einmal Auto gefahren ist, ohne einen Führerschein zu besitzen, erschien wie ein versehentliches Jugendlaster. Der Pas de deux aus illegalen Betäubungsmitteln und Ladendiebstählen hingegen saß.

Was er nicht zum ersten und sicher nicht zum letzten Mal begangen hatte, nennen wir Beschaffungskriminalität. Drogen sind nicht umsonst und Junkies nicht selten in instabilen Beschäftigungsverhältnissen. Der Begriff Beschaffungskriminalität umfasst alle kriminellen

Handlungen zum Erwerb oder zur Finanzierung von Betäubungsmitteln. Dazu gehören vor allen Dingen Eigentumsdelikte wie Einbruch, Diebstahl oder Raub. Es werden also nicht Drogen gestohlen, sondern Wertgegenstände, die für den weiteren Drogenerwerb zu Bargeld gemacht werden können.

Der gemessen an seinem Vorstrafenregister noch junge Mann hatte seine Jacke für den Prozess nicht ausgezogen. Er schaute etwas verloren in den Saal und erhob sich. Sein Blick und meiner trafen sich. Er murmelte ein »Wiedersehen« und verschwand. Die Ironie dieses gewohnten Abschiedswortes verhallte und wurde durch den Aufruf der nächsten Strafsache über das Lautsprechersystem geschluckt.

Ein Urteil ist nicht bloß ein Urteil. Es ist ein Schuldspruch.

Täter werden nicht verurteilt, weil sie etwas Strafbares getan haben, sondern weil sie der Begehung der Straftat schuldig gesprochen werden. Es gibt den Grundsatz, dass keine Strafe ohne Schuld ausgesprochen werden darf.

Doch was unter Schuld als Voraussetzung der Strafbarkeit zu verstehen sein soll, wird im Gesetz nicht definiert.

Nach Entscheidungen des Bundesverfassungsgerichts setzt Schuld die persönliche Vorwerfbarkeit der Tat voraus: Es wäre dem Täter möglich gewesen, das Unrecht seiner Tat einzusehen, er hätte sich anders entscheiden können – daher können und müssen wir ihm persönlich vorwerfen, dass er trotz dieser bestehenden Einsicht straffällig wurde. Juristen nennen das »normative Ansprechbarkeit« des Täters.

Das Jurastudium ist unter anderem dazu da, für die Studierenden im Strafrechtsfach eine Prüfreihenfolge zur Selbstverständlichkeit werden zu lassen, die wir später bei Ermittlungen und in einer Hauptverhandlung wie im Schlaf abzurufen haben. Den Beruf der Staatsanwältin zu ergreifen, bedeutete für mich im Studium, tatsächlich Dinge zu lernen, die ich bis heute nutze. Keine Selbstverständlichkeit.

Wenn jemand stiehlt, kann er nur verurteilt werden, wenn eine dreischrittige Prüfung zu einem positiven Ergebnis führt: 1. Der Tatbestand des Diebstahls ist erfüllt. Jemand hat einem anderen eine fremde bewegliche Sache in der Absicht weggenommen, sie sich oder einem Dritten rechtswidrig zuzueignen, und handelte vorsätzlich. 2. Sein Verhalten ist nicht zu rechtfertigen. Und 3. Er handelte schuldhaft. Seine Tat kann ihm auch persönlich vorgeworfen werden.

Die Schuld ist somit das große Finale einer Prüfung, die ohne sie nicht auskommt. Kein Strafurteil ohne Schuld, das ist die Regel.

Wer das liest und sich in einen Gerichtssaal setzt, um das in der gelebten Praxis zu betrachten, wird enttäuscht werden. Der wesentliche Teil einer Hauptverhandlung dreht sich um Tatsachen und nicht um Schuld.

Wäre die Hauptverhandlung eine Theateraufführung, müsste sie den Titel »Wie ist es gewesen?« tragen. Tatsächlich ließ sich in meinen ersten Jahren als Staatsanwältin eine Vorsitzende Richterin am Landgericht, die eine Berufungskammer leitete und damit immer über den zweiten Durchgang eines Strafverfahrens zu entscheiden hatte, dazu hinreißen, ihre Urteilsgründe stets mit der Aussage: »Und so ist es gewesen!«, zu schließen. Als würde im Gerichtssaal nicht nur Recht, sondern auch die Wahrheit gesprochen.

Tatsachenfindung ist alles andere als banal. Was all diejenigen im Zweiten Staatsexamen schmerzhaft zu spüren bekommen, die zwar die rechtlichen Theorien im Griff, aber nicht sorgfältig genug geprüft haben, was das Ergebnis der Beweisaufnahme eigentlich ist.

Jura am Hochreck bricht einem das Genick, wenn man nicht mit beiden Beinen auf dem buchstäblichen Boden der Tatsachen steht. Jedes Stück Wahrheit muss mit einem der fünf gesetzlich vorgesehenen Beweismittel in die Hauptverhandlung eingeführt werden: Augenschein, Zeugen, Sachverständige, Urkunden oder die Aussagen des Angeklagten.

Wie aufreibend das im Einzelnen sein kann, wusste der Schwurgerichtsvorsitzende des Landgerichts, der meinen Klausurenkurs in Vorbereitung für das Zweite Staatsexamen leitete, aus unzähligen Prozessen, die sich um Kapitaldelikte drehten, kurz: Mord und Totschlag. So hemdsärmelig wie unnachgiebig bläute er uns ein, dass wir ihn mit unseren juristischen Scharfsinnigkeiten, frisch abgeschrieben aus BGH-Urteilen, nur wenig beeindrucken konnten, wenn wir ihm nicht sagen konnten, »wie es gewesen ist«. Selbst, als ich meine Examensklausuren schrieb, sah ich ihn vor mir auf- und ablaufen mit seinem Tatsachen-Mantra, das er nur allzu gerne dem neunmalklugen Nachwuchs entgegendonnerte.

Juristisches Können fußt auf sauberer Tatsachenforschung. Wer sich dafür zu schade ist, hat es schwer als Richterin oder als Staatsanwalt. So lässt sich auch in diesen Berufen von einem Handwerk sprechen.

All das war kein Problem bei unserem vielfach verurteilten Beschaffungskriminellen, der längst von dannen geschritten war, selbst nachschlagen musste, wann genau er auf welche Wiese straffällig geworden war, und bestens bekannt war bei den beiden Bewährungshelfern der Stadt. Der Ladendetektiv hatte ihn dabei beobachtet, wie er einige Spirituosenfläschchen und Männerparfums in seiner Jacke verschwinden ließ. Er wurde auf frischer Tat ertappt. Videoaufzeichnungen bezeugten sein nervöses Umherschauen, und der Angeklagte gab alles zu. Tatsachen? Kein Problem. »Genau so ist es gewesen«. Die Vorsitzende Richterin am Landgericht hätte es auch so formuliert.

Tatsachen über das objektive Geschehen bestimmen einen Strafprozess ebenso wie die subjektive Sicht des Angeklagten. Er handelte nur vorsätzlich, wenn er alle wesentlichen Tatumstände kannte und seine Tat auch wollte. Und auch da kann sich ein Dickicht an Folgeproblemen auftun. Was ist, wenn er irrte? Welcher Irrtum kann den

Tatbestand ausschließen? Welcher Irrtum rechtfertigt den Täter bloß? Und welcher Irrtum schließt seine Schuld aus?

Und schließlich die Fragen der Notwehr und anderer Rechtfertigungsgründe. Mehrere Jahre des Studiums beschäftigen sich angehende Juristinnen und Juristen mit all diesen Fallkonstellationen, um später unfallfrei durch diese Prüfungen zu kommen. Wenn es nicht mehr um Noten geht, sondern um echte Menschen.

Aber was ist mit der Schuld?

Der Zuschauer im Gerichtssaal muss doch verstehen können, wie wir zur Schuld des Täters kommen. Dem dritten Prüfungspunkt, ohne den ein Richter, eine Richterin niemanden verurteilen darf.

Mich fragte einmal eine ältere Dame, die in einem Verfahren »die Öffentlichkeit« darstellte – so nennen wir Einzelpersonen, die den zumeist nicht zahlreich besuchten öffentlichen Hauptverhandlungen als Zuschauer beiwohnen – , eine Spur verwundert, wenn nicht sogar empört: »Frau Staatsanwältin, prüfen Sie nicht die Schuld?«

Groß gewachsen und aufrecht stand sie vor mir.

»Die konnten wir in diesem Fall annehmen, da keine schuldmindernden oder schuldausschließenden Anhaltspunkte bestanden.«

»Und wer legt das fest?«

»Schon im Ermittlungsverfahren prüfen wir das, aber auch während der Hauptverhandlung kann es sich ergeben, dass wir einen Gutachter beauftragen müssen, um die Schuldfrage zu klären. Wenn sich kein Problem stellt, dürfen wir sie annehmen.«

Artig ratterte ich herunter, was ich gelernt hatte und was längst Berufsalltag für mich geworden war.

Richter und Staatsanwälte sind nicht ausgebildet für die Beantwortung der Schuldfrage. Und dürfen sie, wenn sie unproblematisch ist, einfach annehmen. Das musste die Dame erst einmal verdauen. Sie hätte gerne noch weitergesprochen, doch mir wurde das Gespräch unangenehm. Und ich stahl mich davon.

Es ist bemerkenswert und darf für Verwunderung sorgen: Tatsachen, die Kenntnis des Angeklagten, Gründe, die ihn in seinem Tun rechtfertigen, zum Beispiel wegen Notwehr oder Irrtümern, lassen unsere Köpfe rauchen, vom Klausurenkurs bis in die Berufungsverhandlung. Es gibt Prozesse, die Monate dauern und sich nahezu ausschließlich der Tatsachenfindung widmen. Aber die Schuldfrage dürfen wir einfach mit einem Ja beantworten, solange wir keine Probleme sehen.

Die Schuld eines Täters wird, wenn sich eine Einschränkung in der Einsichtsfähigkeit nicht aufdrängt, nicht ausdrücklich geprüft. Es gibt nicht den Teil der Hauptverhandlung, bei dem Gericht, Staatsanwaltschaft und Verteidigung noch einmal die Köpfe zusammenstecken und gemeinsam über die Schuld sinnieren. Es sei denn, wir werden mit der Nasenspitze darauf gestoßen.

Wenn der Täter bei der Tatausführung unter Drogen- oder Alkoholeinfluss stand, wird ein Gutachten eingeholt. Wenn ein Täter vorträgt, psychische Schwierigkeiten zu haben, oder sie sich für die Ermittler zeigen, ist im Zweifel ein Psychiater zu konsultieren, um der Frage einer verminderten Schuldfähigkeit nachzugehen. Dann wird die Akte einen Sonderband bekommen, in dem ein Sachverständiger genau exploriert und erläutert, wieso er von einer psychischen oder Verhaltensstörung ausgeht. Oder eben nicht.

Die »Internationale statistische Klassifikation der Krankheiten und verwandter Gesundheitsprobleme« legt genau fest, dass zum Beispiel »F22.0« eine wahnhafte Störung meint, hingegen »F22.8« sonstige anhaltende wahnhafte Störungen und »F22.9« die anhaltende wahnhafte Störung (nicht näher bezeichnet).

Koordinaten für eine Reise durch die psychische Orientierungslosigkeit des Täters. Wenn sie erklingen, können die Hauptakteure des Prozesses – Gericht, Staatsanwaltschaft und Verteidigung – nur zuhören. Genauso wie bei der Berechnung von Bremswegen oder dem Verwesungsstatus einer Leiche und möglichen Rückschlüssen auf die Tatzeit.

In der Mehrzahl der Strafprozesse findet all das aber nicht statt. Wird die Schuld des Täters nicht infrage gestellt, wird kein Gutachter bestellt. Dann nehmen wir die Schuld einfach an. Ist sie hingegen fraglich, muss der Profi ran.

Die Schuld ist der dritte, der entscheidende Prüfungspunkt. Sie gibt dem Urteil, das eigentlich ein Schuldspruch ist, seinen Namen. Aber wir hinterfragen sie nur, wenn sie offensichtlich eingeschränkt sein muss.

Der Angeklagte, der weit vor seinem 35. Geburtstag sein 14. Urteil einkassiert hatte, war schon lange nicht mehr im Gerichtssaal. Hatte alles eingestanden, nichts bestritten. Er war passiv, niedergeschlagen, wirkte resigniert. Seine Karriere als Drogenkonsument hatte früh begonnen. Schwieriges Elternhaus, mit 15 rausgeflogen, falsche Freunde, Einstieg in die Szene. Der unvermeidbare Abbruch der Ausbildung, das Substitutionsprogramm nicht bestanden und schließlich gelegentliche Obdachlosigkeit.

Die Austauschbarkeit der persönlichen Lebensläufe in diesem Bereich kann einen entweder kaltlassen oder immer wieder aufs Neue fassungslos stimmen.

Bevor ich mit meinen Kollegen Drogenmarktplätze vom Netz nahm, hatte ich selbst nie in Betäubungsmittelangelegenheiten ermittelt. Aber wenn ein Hauptverhandlungstag beim Amtsgericht zu bestreiten ist, dann nimmt die junge Kollegin aus der Wirtschaftsabteilung den Gemischtwarenladen des Tages mit: 9:00 Uhr Betrug, 9:20 Uhr Unterhaltspflichtverletzung, 10:15 Uhr fahrlässige Körperverletzung, 11:00 Uhr noch ein Betrug. Nach der Mittagspause runden ein Diebstahl, eine weitere Körperverletzung und ein Fahren ohne Fahrerlaubnis den Tag ab. Wobei der Diebstahl nicht irgendein Diebstahl war. Sondern Beschaffungskriminalität.

Es ist nicht strafbar, ein Junkie zu sein. Aber sich die Drogen zu beschaffen oder dafür zu klauen, schon. So ungefähr darf man sich die gesetzliche Antwort auf den deprimierenden Lebenslauf unseres Angeklagten, dessen Stuhl schon lange verwaist war, vorstellen.

Er hatte gar nicht erwartet, dass jemand seine Schuld infrage stellte. Es schien eher so, als würde er gar nichts mehr vom Leben erwarten. Er war zehn Jahre zuvor schon einmal im Gefängnis gewesen, hatte sich danach gefangen und war wieder abgerutscht. Die Spirale der wiederholten Bewährungen, die zwangsläufig in der Drohung der Strafrichterin auf einen Strafvollzug münden musste, durchlief er bereits zum zweiten Mal.

Der Verteidiger der Folgesache nahm schon einmal Platz auf der Anklagebank. Sein Mandant kam zu spät, hatte sich aber entschuldigt. Die Vorsitzende Richterin nahm das zum Anlass, noch einmal in ihrem Büro zu verschwinden. Wenn man als Staatsanwalt nicht am Standort verhandelt, sondern in eines der Amtsgerichte im Umland fahren muss, wie ich damals, bietet die Sitzungspause Zeit für alles, was kein Büro erfordert: Aktenstudium und Anrufe. Oder Nachdenken.

Die persönliche Vorwerfbarkeit der Tat.

Eine Schulddefinition, die vielen nicht geläufig ist. Wann immer ich davon erzähle, halten Menschen inne. Das, was wir einfach annehmen, wenn jemand bei der Tat nicht offensichtlich übermäßig alkoholisiert war und es sich auch nicht aufdrängt, dass er an einer katalogisierten psychischen Störung leidet, ist ein beachtlicher Vorwurf: »Du, der Mensch, der du bist, mit deinen Erfahrungen, deinen Zwängen, deinen Fähigkeiten und Schwächen, hättest das Unrecht deiner Tat erkennen und anders handeln können.« Das ist die Übersetzung.

Ich saß da in meiner Robe, die ich nie zuknöpfe, und kam zu dem Schluss, dass wir da gewaltige Annahmen treffen. Im Dickicht der menschlichen Orientierungslosigkeit.

Hätte dieser Mann anders handeln können? Hätte er in realistischer Weise eine legale Alternative für sein Verhalten finden und ihr entsprechend handeln können?

Theoretisch sicherlich. Er hätte seine Einsicht, die er vor Jahren gewonnen hatte und die ihn diesen Strafprozess widerstandslos ertragen ließ, nämlich, dass sein Leben eine nicht enden wollende Abwärtsspirale darstellte, nutzen können, nicht klauen zu gehen, keine weiteren Drogen zu kaufen und sich eine ordentliche Arbeit zu suchen.

Seinen Tatentschluss »Ich gehe klauen für weitere Drogenkäufe« fallen zu lassen, war eine denkbare Handlungsalternative. Und es gibt Menschen, denen das gelingt. Aber ist es ihm persönlich vorwerfbar, dass es ihm nicht gelungen ist?

Was keinen Platz in einem gut gefüllten Hauptverhandlungsterminkalender hat, treibt einen um oder nicht. Die Schuld anzunehmen, ist kein Zeichen von Arroganz dem Lebenslauf des Angeklagten gegenüber. Sondern sie ist Ausfluss der Ohnmacht, die wir alle verspüren, wenn Dritte darunter leider müssen, dass Täter ihr Leben nicht gewalt-, missbrauchs- oder sonst straffrei leben können. Es ist nicht das Problem des Kaufhauses, dass unser Angeklagter ein Drogenproblem hat.

Aber im Strafprozess geht es gar nicht so sehr um die Geschädigten. Sie sind Zeugen in einem Prozess, der sich dem Grunde nach um die Täter und ihre Taten dreht. Die meisten Taten erzeugen mittelbar oder unmittelbar Geschädigte. Ob es die Allgemeinheit ist, wenn einer seine Autoöle ablässt und damit unbefugt ein Gewässer verunreinigt, oder die ältere Dame, die mit dem Enkeltrick betrogen wurde.

Die Opferseite ist ein gewichtiger Teil des strafprozessualen Geschehens. Aber in seinem Zentrum steht der Täter. Er soll bestraft werden, wenn sein Verhalten von der Rechtsordnung absolut nicht mehr geduldet werden kann. Wenn das, was er tut, unerträglich ist.

Der Gesetzgeber hat aber nicht festgelegt, dass es genügt, sich strafbar zu verhalten. Sondern das Gericht muss die Schuld feststellen. Und sei es, dass es sie einfach annimmt.

Doch wer kann die Frage beantworten, ob ein Mensch anders hätte handeln können?

Im Grunde nur der Mensch selbst.

Wie ist dieses System gemeint?

Wenn ich, Jana Ringwald, Oberstaatsanwältin bei der Generalstaatsanwaltschaft Frankfurt am Main, morgen in ein Kaufhaus gehe und stehle, dann kann man mir das persönlich vorwerfen. Ich, die ich meine Handlungsalternativen kenne, würde sagen, dass ich dieses Unrecht erkennen und durchaus konkret anders handeln kann.

Aber ist das die entscheidende Frage? Und ist das eine faire, alle Aspekte einschließende Sichtweise? Habe ich mit meinem bisherigen Leben nicht eine bessere Chance, straffrei zu bleiben?

Die Zeit bis zur nächsten Verhandlung ließ mir noch etwas Raum. Der Verteidiger nutzte sie, um seine E-Mails zu lesen, und machte eine humorvolle Bemerkung, die die Protokollkraft auflachen ließ. Offenbar kannten sich die beiden.

Die entscheidende Frage, so erschien es mir, war eine andere: Wäre ich überhaupt in der Lage, zu stehlen? Wäre ich in der Lage, jetzt aus dem Stand, eine Körperverletzung zu begehen? Wäre ich in der Lage, in vollem Bewusstsein straffällig zu werden?

Ich wäre es nicht. Ich würde es nicht fertigbringen, zu stehlen. Und der Angeklagte kann es nicht lassen.

Ich spürte auf einmal eine Form von Inkompetenz, die schmerzte. Wer kann den Schuldvorwurf erheben? Was können wir einander vorwerfen? Wofür tragen wir eine persönliche Schuld?

Wenn Einsicht immer zum Einlenken führen würde, würde ein Vater aufhören, auf seiner Tochter herumzuhacken, die ihm schon lange nicht mehr zuhört.

Wenn Einsicht genügen würde für eine Umkehr, würden wir das mit dem Zucker und dem Alkohol einfach alle sein lassen.

Wenn es nur um Einsicht ginge, würden wir alle uns unseren Problemen heroisch stellen und sie tapfer lösen.

Wir tun es aber alle erst dann, wenn die Schmerzgrenzen überschritten sind. Und viele von uns auch dann nicht.

Die Schuldfrage führt uns an systematische Grenzen. Denn es sind keine Nullen und Einsen, die darüber entscheiden, ob wir sie bejahen können. Und wenn schreckliche Dinge geschehen, weit schlimmer als ein Kaufhausdiebstahl, erscheint uns die Schuld des Täters als das Einzige, das begreiflich machen kann, was passiert ist.

Es ist aber das Gesetz, das darüber entscheidet, ob wir einen Schuldvorwurf formulieren müssen oder nicht.

Das Strafgesetzbuch ist das bunteste Gesetzbuch, das wir haben. In 358 Paragrafen galoppiert es durch sämtliche Bereiche des Lebens, die miteinander nur wenig zu tun haben: Gewässerverunreinigung und Computerbetrug, Unterhaltspflichtverletzung und falsche Verdächtigung, Geldfälschung und Körperverletzung. Die Täter sind so unterschiedlich wie ihre Taten, die Summe ihrer Motive eine lebensumspannende Sammlung von Beweggründen.

»Wir haben das Leben auf dem Schreibtisch«, sagte einmal ein älterer Kollege über meinen Berufsstand. Und es stimmt: Wir bekommen Einblicke in viele Bereiche des Lebens. Und zwar immer, wenn etwas richtig schiefgegangen ist. Wenn die Gesellschaft sich im Gesetzgebungswege entschieden hat, ein Handeln unter Strafe zu stellen.

Dabei beginnt unser Missbrauchsverhalten viel früher. Am deutlichsten wird das im Straßenverkehr. Man sollte genau wissen, wie viel man trinken darf, damit man zwischen praktizierter Legalität (0 bis 0,49 Promille), Ordnungswidrigkeit (0,5 bis 1,09 Promille) und Strafbarkeit (ab 1,1 Promille) unterscheiden kann. Am einfachsten ist es für die unter 21-Jährigen: Die dürfen gar nicht. Aber ansonsten sind Übergänge fließend. Und können sehr schnell überschritten werden. Gerade, wenn wir meinen, nicht erwischt zu werden.

Wir setzen in unserer Gesellschaft die Grenzen zwischen legalem, sozialadäquatem, ordnungswidrigem und strafrechtlichem Verhalten willkürlich.

Viel Kritik erntet schon lange, dass das Erschleichen von Leistungen strafbar ist. Wer die Beförderung durch ein Verkehrsmittel in der Absicht erschleicht, das Entgelt nicht zu entrichten, wird mit Freiheitsstrafe bis zu einem Jahr oder mit Geldstrafe bestraft. Das legt § 265a StGB fest. Kurz: Schwarzfahren ist strafbar.

Es hätte auch das Schicksal einer Ordnungswidrigkeit haben können. Der Gesetzgeber entschied anders. Auch da stellen wir die Schuld der arbeitslosen Mutter fest, die weiß, dass sie nicht Bus fahren darf, ohne zu zahlen, jedoch ihre Finanzen nicht geregelt bekommt und kein Auto hat. Nicht selten sind es in grotesker Weise die Fahrten zu den verpflichtenden Terminen beim Arbeitsamt, die Menschen am Rande des Sozialstaats in diese Strafbarkeitsfalle tappen lassen. Ob die Verkehrsgesellschaft Anzeige erstattet oder nicht, entscheidet darüber, ob ein Gericht sich die Schuldfrage stellen muss, die es im Zweifel bejahen wird.

Weit unter der Strafbarkeits- und Ordnungswidrigkeitsgrenze, wo keine Staatsanwälte und Richter drüberschauen, erheben wir ständig Schuldvorwürfe. Und fühlen uns ebenso häufig ungerecht behandelt.

Nehmen wir es da auch so genau?

Was ist, wenn uns jemand die Schuld für unser Verhalten gibt, wir das aber als ungerecht empfinden, weil wir keinen Ausweg sahen? Welche Instanz legt fest, wie sehr wir uns zusammenreißen müssen? Es gibt diese Instanz nicht. Und das ist der blinde Fleck, über den kaum einer reden mag.

Die Vorsitzende Richterin betrat den Gerichtssaal, was in unseren Spielregeln bedeutet, dass alle sich erheben. Weil nicht die Person der Richterin, sondern das Gericht den Saal betritt. Der Angeklagte, der mich zu solchen schwindelerregenden Fragen der Schuld veranlasste, war längst in sein Leben zurückgekehrt. Wahrscheinlich würde ich persönlich ihn nie wiedersehen. Dass er in die Lage geraten würde, nun straffrei zu bleiben, war unwahrscheinlich.

Wir können nicht untätig bleiben.

Der Strafprozess ist der aktuell adäquateste Instrumentenkasten, er ist eine vertretbare Antwort, die wir haben. Eine Antwort, die wir irgendwie geben müssen.

Der Straftäter ist die geächtetste Person der Gesellschaft. Die Empörung über sein Fehlverhalten findet ausreichend Platz in der öffentlichen Berichterstattung. Sie interessierte die Menschen schon immer am meisten, obwohl Strafverfahren den geringsten Teil der Justiz ausmachen. Prozesse vor den Zivil-, Finanz-, Arbeits- oder Verwaltungsgerichten, allesamt Maschinenräume der Justiz, findet kaum einer spannend. Obwohl sie weit mehr die Wirklichkeit unserer Alltags-, Arbeits- und Nachbarschaftsverhältnisse spiegeln. Der Strafprozess macht es so einfach, ihm zu folgen, weil klar ist, wer Täter und wer Opfer ist. »Gut und Böse« sind klarer abzugrenzen als zankende Parteien, die widerwillig einen Vergleich schließen.

Und wenn ein Gericht den Schuldspruch formuliert hat, ist es offiziell: Der Täter trägt die Schuld für sein Verhalten. Er hätte anders handeln können.

Jedenfalls steht das im Urteil.

So ist es gewesen.

Wir dürfen nicht untätig bleiben. Aber wir dürfen zweifeln.

Die Schuld eines Menschen anzunehmen, ist nicht banal.

Es gibt Milieus, in denen ein junger Mensch doppelt so viel Charakter aufbringen muss als eine Verlagsvorsitzende im Insolvenzfall oder eine alleinerziehende Mutter von vier Kindern, um nicht straffällig zu werden. Wir honorieren völlig zu Recht, wenn Menschen mit solchen Startvoraussetzungen trotz allem den Weg in ein legales Leben finden. Weil sie teils übermenschliche Kräfte dafür aufbringen mussten. Doch tun wir ein Äquivalentes, wenn dies nicht gelingt?

Würde es uns selbst gelingen? Wenn wir selbst denken: »Ich konnte nicht anders.«

Es ist schon viel getan, wenn wir eines anerkennen können: dass wir nie genau wissen können, wann ein Mensch wirklich anders hätte handeln können.

KAPITEL 9

FEHLER SIND UNSER GEMEINSAMER NENNER

CYBERCRIME lebt von den Fehlern auf beiden Seiten. Zu rasant ist der technologische und smarte Fortschritt. Gesetze und Rechtsprechung glauben, alles im Griff zu haben. Die Täter auch. Dabei kann das Bekenntnis zu Fehlern den Fortschritt ermöglichen. Bei meinem größten Fall hatte ich eine Kleinigkeit übersehen. Und trotzdem half mir jemand aus der Patsche. Vertrauen führt.

Dass Cybertäter damit rechnen, Polizei und Justiz an den Fersen zu haben, ist ab einer gewissen kriminellen Erfolgswelle normal. Einige Akteure brüsten sich sogar damit. Oder erweisen uns ihren Respekt in einschlägigen Foren der Underground Economy:

»NIEMALS. Können die das.«

Und ein anderer: »Doch … fu**«

Manchmal können wir es eben doch.

Cyberermittlerinnen und -ermittler empfinden solche Kommentare in einschlägigen Cybercrime-Foren als Ritterschlag. Nicht unbedingt die Schlagzeile, den Beitrag in der Tagesschau oder das rechtskräftige Urteil. Sondern, wenn die Cybercrime-Szene anerkennt, wie gut die Cybercops sind. Dann sind sie es auch gewesen.

Eine Stilblüte dieses Denkens durfte ich einmal erleben, als ein Beschuldigter bei seiner Inhaftierung selbstzufrieden äußerte: »… cool, dass ich vom Bundeskriminalamt festgenommen werde.«

Auch dieser junge Mann hatte einen Fehler gemacht, sonst hätten wir ihn nicht aufgespürt. Das darf er als Beschuldigter gerne tun.

Aber wir? Die Staatsmacht?

Darf die Fehler machen?

Fehler werden in der Justiz bis zu einem gewissen Maß einkalkuliert. Davon zeugen Rechtsmittel und Instanzenzug.

Gegen nahezu jede Erstentscheidung kann man sich noch mindestens einmal wenden. Staatliches Handeln muss überprüfbar sein. Bedeutet das nicht, dass Fehler eben doch vorgesehen sind?

Es sind jedoch nicht nur eindeutige Fehler bei der Entscheidungsfindung, die ein Geflecht aus Widerspruchs- und Beschwerdewesen, aus Berufungs- und Revisionsinstanz nötig machen. Überall, wo

Ermessen im Spiel ist, kann ein anderer es anders sehen, kann er oder sie zu einem abweichenden Ergebnis kommen. Genau dieser Instanzenzug, die Absicherung hoheitlicher Entscheidungen durch mindestens eine weitere Prüfungsstufe, könnte alle Menschen, die die Staatsgewalt ausüben, beruhigen.

Doch die Angst vor Fehlern ist überall zu spüren.

Als ich einen Vorsitzenden Richter auf den Fluren des Gerichts traf, mit dessen Strafkammer ich lange einen Fall verhandelt hatte, nahm er dies zum Anlass, die Revisionsentscheidung des Bundesgerichtshofs zu seinem Urteil zu kommentieren. Die Senatsentscheidung meißelte den Weg, den seine Strafkammer beschritten hatte, in Stein. Rechtsfehler waren auf die Revision der Angeklagten keine auszumachen, was den Schuldspruch anging. Die Urteilsbegründung seiner Kammer bekam eine glatte Eins aus Karlsruhe. Mein richterlicher Kollege hätte sich damit brüsten können, nicht zuletzt, weil er rechtliches Neuland beschritten hatte.

Lediglich bei der Einziehungsentscheidung, in der festgelegt wird, was das Erlangte der Tat darstellt und den Tätern wegzunehmen ist, bemängelte der Bundesgerichtshof die Betragshöhe und wies die Sache zur Entscheidung über diese Frage zurück an eine andere Strafkammer des Landgerichts.

Es ging um eine zahlenmäßige Abweichung im untersten Prozentbereich. Es ging also nur um mehr Genauigkeit. Und so nachhaltig der Instanzenzug hier über die Rechte des Angeklagten wacht – dem Staat gebührt kein Cent mehr, als ihm zusteht –, so sehr beeindruckte mich, dass dieses Manko das war, worüber wir beide sprachen. Eigentlich war die Revisionsentscheidung des BGH ein Ritterschlag.

Revisionsfeste Urteile zu schreiben bei einer in die Eisen gehenden Verteidigung, bei einer Vielzahl von Anträgen, denen das Gericht nicht vollumfänglich, aber stets mit guter Begründung nachkam, ist keine Banalität. Und die Strafkammer dieses Vorsitzenden Richters hatte den Bundesgerichtshof in der Sache überzeugt, sich nur an einer Stelle versehen.

Weil der Schuldspruch hielt, wurden die Angeklagten zu Verurteilten und traten bereits ihre mehrjährigen Haftstrafen an. Es war ein Bilderbuchurteil.

Und wir beide sprachen über eine erforderliche Neuberechnung, weil die Strafkammer an einer einzigen Stelle eine angreifbare Bezugsgröße verwendet hatte. Ich hatte beinahe den Eindruck, mein richterlicher Kollege wolle sich bei mir entschuldigen.

Die Angst vor Fehlern ist nicht nur in der Justiz groß. Wo es ohnehin schon ums Rechthaben und Rechtsprechen geht. Ein von einer Cyberattacke betroffenes Unternehmen hat auf einmal unzählige Probleme. Und dabei sind das Wiederhochfahren der Systeme über hoffentlich vorhandene und verwendbare Back-ups, die Auswirkungen von Verschlüsselungen der Unternehmensserver, die einen ganzen Betrieb lahmlegen können, und die bohrenden Fragen der Polizei, die sich an die Fersen der Täter klemmen will, nur einige.

Sich als Unternehmensführung einem Cyberangriff ausgesetzt zu sehen, kann in der akuten Phase eigentlich nur von einer Flanke getoppt werden: dem Vorwurf, man habe Fehler gemacht und sei damit selbst ein Täter.

Unternehmen fürchten nicht unbedingt, dass Frau Staatsanwältin, wenn ohnehin mit der Firma befasst, auch einmal nach den Steuerunterlagen schaut, was ohnehin im Zweifel einen Fall der unzulässigen Ausforschung darstellen würde. Die Sorge, selbst einen Fehler gemacht zu haben, betrifft vielmehr den Angriff selbst.

Ransomware-Angriffe sind längst im Bereich der »double extortion« angekommen, was nichts anderes bedeutet als das technisch Naheliegende: Die Täter verschaffen sich Zugriff auf sensible, vielleicht sogar personenbezogene Daten, verschlüsseln sie und – um ihrer Geldforderung Nachdruck zu verleihen – veröffentlichen sie im Internet; vielleicht auch im abgedunkelten Bereich, dem Darknet. Wenn es schlecht läuft, setzen die Täter noch einen drauf mit einer DDoS-Attacke, bei der der Webauftritt des Unternehmens so oft aufgerufen wird, dass er zum Erliegen kommt: »triple extortion«. Dass Daten abhandenkommen, dürfte allerdings der traurige Regelfall sein.

Da mag die Frage aufkommen, ob das Unternehmen die sensiblen, oftmals Kundendaten, überhaupt (noch) haben durfte. Und wenn ja: ob es gut genug auf sie aufgepasst hatte. Denn das dürfen Kundinnen und Kunden erwarten.

Ein Cyberangriff kann in einem seiner Nebenschauplätze offenbaren, was sonst nie herausgekommen wäre: dass Fehler gemacht wurden. Dass sensible Kundendaten nicht ordnungsgemäß gelöscht wurden oder unzureichend geschützt waren. Und nun im Internet gehandelt werden. Ein Unternehmen, das diesen Fehler zugeben muss, kann sich warm anziehen.

Ein Lapsus im Standardprozess. Ein Täter, der seine Kommunikation nicht ausreichend verschleiert. Ein Unternehmen, in dem Daten nicht optimal behandelt und geschützt waren.

Wie geländegängig, menschlich und resilient eine Gesellschaft, eine Behörde oder ein Unternehmen sind, zeigt sich, wenn Fehler gemacht werden. Und mit ihnen umgegangen werden muss.

Wie geht es einem Menschen, dem so etwas passiert? Der jahrelang einen tollen Job gemacht und an einer Stelle seinem Fehler eine zu große Reichweite gegeben hat? Und der weiß, was kommt: »Es hätte dir nicht passieren dürfen.«

Das Schlimme ist nicht, dass noch immer Fehler passieren.

Das Schlimme ist, dass wir uns darüber wundern. Dass wir Menschen, denen sie unterlaufen, wie eine schlechte Überraschung behandeln und hoffen, dass es uns selbst nicht passiert.

Was ein Fehler bei der wichtigsten Anklage meiner Karriere, im Wall-Street-Market-Fall, anrichten konnte, durfte ich im Sommer 2020 erleben.

Einer der drei Angeklagten war zu Beginn der Taten noch Heranwachsender. Genauer gesagt begann er mit der Programmierung von Wall Street Market zwei Monate vor seinem 21. Geburtstag. Bei einer Tat, die vor Vollendung des 20. Lebensjahrs beginnt, ist die Anwendung des Jugendstrafrechts zu prüfen. Mit der Folge, dass die Staatsanwaltschaft zum Jugendrichter oder – wie hier – zur Jugendstrafkammer anklagt.

Hinter Wall Street Market standen die aufwendigsten Datenermittlungen, die ich je in Anklageformat kleiden musste, oder ich möchte sagen durfte, denn wir, das Ermittlerteam des Bundeskriminalamts und ich, taten es fieberhaft. Nicht nur alle drei Betreiber festgenommen zu haben, sondern auch ihre Taterlöse und die gesamte Infrastruktur des Marktplatzes abgeräumt zu haben – nichts hätte uns mehr motivieren können, den Fall vor Gericht zu bringen.

Monatelang begrüßten wir einander kaum noch am Telefon. Es wurde einfach das Gespräch fortgesetzt, über Datenbankfunktionen, unendlich lange Asservatenlisten, schwindelerregend hohe Zahlen und Daten.

Wenn die Beweise in den Daten liegen, hat das enorme Vorteile. Das Ergebnis der bis heute herausstechenden Ermittlungsarbeit der Kolleginnen und Kollegen beim Bundeskriminalamt war es, das Ladengeschäft von Wall Street Market in das Landgericht zu verfrachten, und zwar so, dass sich alle Verfahrensbeteiligten dort nach Belieben umschauen und unter Laborbedingungen den Drogenverkauf in Augenschein nehmen konnten.

Man kann einen digitalen Marktplatz aus Betreiber-, Verkäufer- und Besuchersicht konservieren und per Mausklick an die Wand werfen. Die Daten, die das möglich machen, verderben nicht, sie vergilben nicht, man muss sie nicht kühl lagern.

Daten lassen einen in die Vergangenheit wieder eintauchen, wie es kein anderes Beweismittel kann. Doch nur, wenn wir es schaffen, die Konsistenz des Beweismittels, die Verlässlichkeit einer Datenbank, in den Gerichtssaal zu befördern. Programmiert sein kann alles Mögliche. Aber legt es auch Zeugnis ab von dem, was tatsächlich geschehen ist? Ist der Datenbankeintrag der Nachweis für das Freischalten eines Drogenverkäufers? Ist er der Beleg für ein hochgeladenes Kokainangebot? Ist er der Beweis für einen Sonntagmorgeneinkauf eines Heroinkonsumenten?

Hierum drehten sich unsere Gedanken, Bürostühle und PC-Kabel.

Und dabei war mir nicht aufgefallen, dass einer der Täter in den ersten zwei Monaten eines zweieinhalbjährigen Tatzeitraums noch ein Heranwachsender war und deswegen der gesamte Fall vor die Jugendstrafkammer gehörte. Ich hatte nicht nachgerechnet.

Es fiel mir auf, als etwa zwei Wochen nach Anklageerhebung eine Presseanfrage hereinkam und ich mit etwas zeitlichem Versatz wieder einmal meinen eigenen Anklagesatz las.

Bis zur Anklageerhebung war ich monatelang metertief in Excel-Listen vergraben und lebte mit meinem Hauptermittler in einer Art digitalem Paralleluniversum. Und nun sah ich es beim erneuten Durchlesen auf Anhieb: Ich hatte die falsche Strafkammer adressiert.

Meine Reaktion war die eines jeden, der einen Fehler gemacht hat, »der nicht passieren darf«. Aber passiert ist.

Zuerst bekam ich einen Schock.

Dann bekam ich Angst.

Dann ärgerte ich mich und schließlich kam die Scham.

Nach so vielen Berufsjahren dieser Anfängerfehler.

Nach einigen Tagen rief mich der Vorsitzende der Strafkammer an, um mir eine Frage zu stellen. Bei seinem Anruf flippte mein Puls sofort aus, ich fürchtete einen Tadel. Er wollte aber nur wissen, ob wir die sichergestellten Autos der Angeschuldigten bereits notveräußert hätten. Und etwas zu den beschlagnahmten Bitcoins.

Ich beantwortete brav und angespannt alle Fragen.

Um mich dann mitten im Gespräch bei ihm zu entschuldigen. Dafür, dass mir das mit dem Alter des einen Angeklagten … »Sie wissen, denke ich, was ich meine.«

Der Vorsitzende machte eine Pause.

»Frau Ringwald, wir *sind* die Jugendstrafkammer, es ist alles gut. Die Geschäftsstelle prüft sowohl die Geburtsdaten als auch die Anfangsbuchstaben allein schon wegen der Rotation zwischen den Kammern. Darf ich Ihnen noch eine zweite Frage zu den sichergestellten Kryptowährungen stellen?«

Und wie er durfte.

Der Krieg war beendet. Es war ein Krieg in meinem Kopf gewesen.

Ich bin keine Chirurgin, keiner hatte bleibende Schäden durch meinen Fehler genommen. Ich bin keine Technikerin, meinetwegen flog keine technische Überwachungsmaßnahme auf. Ich bin nicht die Verantwortliche für Kundendaten, die einen großen Datensatz versäumt hat, rechtzeitig zu löschen, der nun im Darknet abzurufen ist und an den die Täter niemals hätten kommen dürfen.

Aber Fehler machen wir alle.

Unsere Fehler suchen sich nicht immer die höchste Reichweite oder Skalierungsstufe aus. Vielleicht machen wir den einen Fehler des Tages beim Tanken und dürfen danach unser Auto auspumpen lassen. Vielleicht unterläuft er uns beim Eintippen der PIN, um uns dann schmunzelnd daran zu erinnern, dass wir in Gedanken noch bei einem anderen Account waren und uns ja noch zweimal korrigieren dürfen. Vielleicht machen wir einen Fehler beim Ankreuzen der Arbeitsgemeinschaft für unseren zehnjährigen Sohn, der deswegen ein ganzes Halbjahr nicht in die Schauspiel-AG kann und todtraurig ist. Vielleicht unterläuft uns dieser Fehler, aber das Schulsekretariat macht es vielleicht noch möglich für ihn.

Fehler passieren ständig. Sie zeugen davon, dass Menschen am Werk sind. Genau aus diesem Grund gibt es sogar Diskussionen, ob der digitale Staatsanwalt nicht eine denkbare Alternative wäre: eine Anklagemaschine. Die weniger (menschliche) Fehler machen und effizienter arbeiten würde. Wenn korrekt programmiert, wäre das sicherlich das Ergebnis: »Wirfst du oben Tatsachen rein, kommt unten eine Anklage heraus.«

Dass wir das nicht wollen, hat nicht den Grund, dass uns Fehler gleichgültig sind, sondern dass wir es eine gruselige Vorstellung finden, einen verantwortungsvollen Job von einer Maschine vornehmen zu lassen. Beim Autofahren beginnen wir, es langsam anders zu sehen.

Eine Vielzahl technologischer Entwicklungen ist veranlasst durch die Fehleranfälligkeit menschlichen Verhaltens. Und dennoch bringen wir Sätze über die Lippen wie: »Aber das darf nicht passieren.«

Als ein ganzer Stab von Kolleginnen und Kollegen des Bundeskriminalamts mit mir gemeinsam Bitcoins zu einem Gegenwert von fast 100 Millionen Euro auf das Wallet desjenigen Bankhauses übertragen sollte, das die Verwertung der Coins für das Land Hessen vornimmt, waren bei der Testüberweisung noch alle humorvoll angespannt. Da Bitcoin-Transaktionen nicht minutiös geschehen, sondern auf der Blockchain ein neuer Block geschrieben werden muss, der für die Zukunft unabänderlich belegen wird, dass die Transaktion stattgefunden hat, dauert es im Schnitt zehn Minuten, bis das elektronische Geld bei der Empfängeradresse ankommt.

Als einer der Trader nach geschätzten acht Minuten sagte: »Die ersten Bestätigungen aus dem Netzwerk kommen rein«, hörte ich einen meiner Nachbarn laut ausatmen.

Was wäre passiert, wenn uns ein Fehler unterlaufen wäre?

Auch ein Fall von »Es darf nicht passieren«.

Die Schlagzeile »Millionen-Pleite bei der Staatsanwaltschaft« wäre uns sicher gewesen. Man fährt mit der Presse den Fahrstuhl hinauf. Und wieder hinunter. Das wäre der Knopf mit dem Pfeil nach unten gewesen. Alles verlief jedoch nach Plan.

Würden meine Kollegen und ich ständig Fehler machen, wären wir heute nicht so erfolgreich. Fehler geschehen selten und besonders selten an wichtigen Stellen.

Aber sie passieren.

Und dann?

Analytisch betrachtet ist es am cleversten, Fehler einzuberechnen. Und den hieraus resultierenden Schaden. Denn Fehler sind so sicher wie das Amen in der Kirche. Ein Unternehmen schützt sich am besten vor einer Cyberattacke, indem es mit fehlerhaftem Verhalten der Belegschaften, mit ungeschlossenen Lücken im System rechnet und sie einplant. Indem es den Ernstfall trainiert. Und so den Einzelnen, der versehentlich auf ein angehängtes Word-Dokument klickt, entlastet.

Wer hat schon den Überblick darüber, wie Fehler sanktioniert werden? Wohl keiner. Doch auf die konkreten Sanktionen kommt es nicht an. Denn Menschen in Behörden, in Unternehmen, in Krankenhäusern und Instituten, in Wohn- und Kinderzimmern verhalten sich so, als würde die Sanktion heftig werden.

Egal, wie sie im Realen ausfällt.

Ich kenne keinen Staatsanwalt, der es locker sieht, wenn er sich vertan hat. Ich kenne keine Richterin, die wirklich gelassen über die Revisionsentscheidung denkt, die ihre Tatsachenfindung oder Rechtsauffassung zunichtegemacht hat.

Die Justiz ist eine Institution, die recht haben und Recht sprechen muss. Die Angst, diesem Anspruch nicht zu genügen, ist immer wieder zu spüren. Wenn etwas übersehen, falsch zugeordnet oder komplett vergessen wurde. Die Angst vor Ansehensverlust, vor Häme, vor den Auswirkungen für die eigene Karriere. Und natürlich vor dem Schaden, den man unwiederbringlich anrichten kann.

Dabei entscheidet oftmals nicht unser Intellekt über Fehler, sondern eine Vielzahl an Parametern. Die uns am Ende bloß beim ersten von drei Versuchen ein falsches Passwort eintippen oder den entscheidenden Haken bei einer technischen Maßnahme nicht setzen lässt. Womit sie auffliegt.

Fehler sind unser gemeinsamer Nenner.

In meinem Beruf als Cyberstaatsanwältin arbeiten meine Kollegen und ich im rechtlichen und technischen Neuland. Wir riskieren ständig, dass unsere rechtlichen Einschätzungen eines Tages verworfen werden durch Urteile, die es noch nicht gibt, wenn wir Entscheidungen treffen müssen. Das bringt das Neuland mit sich.

Ein Fehler ist freilich etwas anderes als die bewusste Inkaufnahme einer möglicherweise abweichenden späteren Rechtsprechung. Dafür ist das, was wir tun und zu beurteilen haben, zu dynamisch und vor allen Dingen zu schnell für klarstellende Gesetze und Urteile. Wer mit diesem Risiko nicht gut schlafen kann, sollte diesen Job nicht übernehmen. Sich dem auszusetzen, ist ein gutes Training mit der Möglichkeit, es könnte am Ende jemand sagen: Das war falsch.

Ich habe noch keine Person kennengelernt, die gerne Fehler macht. Aber unzählige Menschen, die eine höllische Angst vor ihnen haben. Unsere gemeinsame, kollektive Angst vor Fehlern, die uns entzweit.

Obwohl sie uns alle verbindet.

KAPITEL 10

RÄUBER UND GENDARM WAR GESTERN

CYBERCRIME ist für Staatsanwälte noch immer ein neues Aktionsfeld. Nichts scheint mehr wie früher bei der Verbrechensbekämpfung zu sein. Hat man einen Marktplatz im Darknet oder eine Malware zur Strecke gebracht, kommen schnell neue, ähnliche und verbesserte Versionen nach. Wie beim Kopf der Hydra, der immer wieder nachwächst. Längst geht es nicht mehr nur um die Höhe der Haftstrafen, sondern darum, den Cybertätern das Geld wegzunehmen, das sie illegalerweise angehäuft haben. Cybertäter genau dort zu treffen, wo es ihnen wirklich wehtut, ist unser Ziel. In welcher Währung dort gehandelt wird, ist ein weiteres Thema, das einer ständigen Weiterentwicklung unterliegt und bei dem wir Schritt halten müssen.

Ermittlungen haben genau einen Sinn: den Täter seiner Tat zu überführen und ihn zur Verantwortung zu ziehen. Ihn der Öffentlichkeit zu präsentieren, die selten zahlreich im Gerichtssaal sitzt. Ihm den Prozess zu machen, um mit seiner Strafe das eingetretene Unrecht auszugleichen.

Vor Jahrzehnten erläuterte einmal ein Entführungsopfer, was das gegen seine Entführer gefallene Urteil mit ihm gemacht habe. Ein Mann Mitte vierzig, körperlich unversehrt, jedoch belastet mit einer absoluten Grenzerfahrung. Er sagte gegenüber den Journalisten sinngemäß: »In dem Moment, als wir uns erhoben und das Urteil verlesen wurde, wurde die schreckliche Tat aus der Gesellschaft ausgeschlossen. Und ich, der ich durch sie ausgesetzt gewesen war, wurde wieder in sie aufgenommen.«

In dem Moment, in dem sich eine Strafkammer erhebt, steht mit ihr der gesamte Gerichtssaal auf. Erst wenn alle stehen, wird ein Urteil verlesen. Es ist eine berufliche Alltäglichkeit für Staatsanwältinnen und Staatsanwälte. Für Angeklagte und all diejenigen, die dem Prozess zuschauen, ist es das nicht.

Was in Amtsgerichten mit vollgepackten Prozesstagen ein wenig an Glanz verliert, entfaltet in Schwurgerichtssälen und bei der Urteilsverkündung Großer Strafkammern eine majestätisch andächtige Atmosphäre. Keiner bleibt sitzen, wenn ein Urteil fällt. Denn es fällt im Namen des Volkes. Der Angeklagte steht nicht allein. Alle erheben sich vor dem Recht, das gesprochen wird.

Der zur Verantwortung gezogene Täter steht für das Ende der Ermittlungen, das Ende der Bemühungen um ausgleichende Gerechtigkeit. Was sich dem anschließt, ist die Vollstreckung seiner Strafe. Doch sie geschieht nicht mehr unter den Augen der Öffentlichkeit.

Der Strafprozess ist ein sogenanntes subjektives Verfahren. Er dreht sich um eine Person, um einen Menschen und seine Tat. Dieser Mensch ist das Subjekt. Gegen ihn wird die öffentliche Klage erhoben. Und was das meint, könnte § 285 Absatz 1 der Strafprozessordnung nicht unmissverständlicher ausdrücken: »Gegen einen Abwesenden findet keine Hauptverhandlung statt.« Der Angeklagte gehört in den Gerichtssaal.

Doch was, wenn wir seiner nicht habhaft werden können?

26. Januar 2021

Die Generalstaatsanwaltschaft Frankfurt am Main und das Bundeskriminalamt zerschlagen im Rahmen einer international konzertierten Aktion mit Strafverfolgungsbehörden aus den Niederlanden, der Ukraine, Litauen, Frankreich sowie England, Kanada und den USA die Infrastruktur der Schadsoftware Emotet.

Emotet galt zu dieser Zeit als gefährlichste Schadsoftware weltweit. Sie besaß die Funktion, unbemerkt Opfersysteme zu infizieren und weitere Schadsoftware nachzuladen, etwa zur Manipulation des Onlinebankings, zum Ausspähen von gespeicherten Passwörtern oder zur Verschlüsselung des Systems für Erpressungen. Allein in Deutschland ist hierdurch ein Schaden in Höhe von mindestens 14,5 Millionen Euro verursacht worden.

Was war mit den Tätern?

Es wurde niemand in Haft genommen.

5. April 2022

Die Generalstaatsanwaltschaft Frankfurt am Main und das Bundeskriminalamt stellen die Serverinfrastruktur des weltweit größten illegalen Darknet-Marktplatzes Hydra Market sicher und nehmen ihn vom Netz. Es werden Bitcoins in Höhe von umgerechnet etwa 23 Millionen Euro sichergestellt.

Bei dem illegalen Marktplatz handelt es sich um eine mindestens seit 2015 bestehende russischsprachige Darknet-Plattform, über die illegale Betäubungsmittel, ausgespähte Daten, gefälschte Dokumente sowie digitale Dienstleistungen gewinnbringend angeboten wurden. Hydra Market dürfte mit circa 17 Millionen Kunden- und über 19 000 Verkäuferkonten der umsatzstärkste illegale Marktplatz weltweit gewesen sein.

Auch hier: Es wurde niemand inhaftiert.

15. März 2023

Die Generalstaatsanwaltschaft Frankfurt am Main und das Bundeskriminalamt beschlagnahmen die Serverinfrastruktur des weltweit umsatzstärksten Kryptomixers im Darknet: ChipMixer. Neben Daten im Umfang von etwa sieben Terabyte wurden Bitcoins in Höhe von umgerechnet ungefähr 44 Millionen Euro sichergestellt.

Bei ChipMixer handelte es sich um eine seit Mitte 2017 aktive Kryptogeldwäschemaschine, auf der man Bitcoins einzahlen konnte, um ihre Herkunft nach einem technischen Verschleierungsprozess unkenntlich zu machen. ChipMixer versprach seinen Nutzern vollständige Anonymität. Es wird geschätzt, dass über die Plattform seit 2017 Kryptowerte in Höhe von etwa 154 000 Bitcoins beziehungsweise 2,8 Milliarden Euro gewaschen wurden. Ein signifikanter Teil davon stammte von Darknet-Marktplätzen, aus betrügerisch erlangten Kryptowerten, von Ransomware-Gruppierungen und aus anderen kriminellen Taten.

Abermals: Es wurde niemand in Haft genommen.

Große Schläge gegen die Underground Economy im Jahrestakt, doch keinem wird der Prozess gemacht. Was ist da los?

Wieso führen Strafverfolgungsbehörden technisch aufwendige, langwierige und teure Ermittlungsverfahren durch, wenn am Ende niemand auf der Anklagebank sitzt? Geht es nicht mehr darum, der Täter habhaft zu werden?

»Staatsanwälte werden nicht nach den Jahren an Freiheitsstrafe bezahlt, die sie erwirken. Sonst wäre hier die Hölle los!«

Frau Oberstaatsanwältin lehnte im Türrahmen meines Dachgeschossbüros und schaute mich an. Sie war zurückgekehrt von einer Sitzung aller Abteilungsleiter, während ich mich, erst einige Monate im Dienst, an einem unaufgeregt regnerischen Nachmittag durch meinen Aktenberg wühlte. Sie war eine der ersten Abteilungsleiterinnen der Behörde und sah es als ihre Aufgabe an, ein Ethos an ihre Tätigkeit zu legen, der sie manchmal ein wenig erschlagen wirken ließ. Ich hatte gehörigen Respekt vor ihr, sie war unnachgiebig in ihrer Ausbildung, fachlich brillant und hatte das Herz am rechten Fleck.

Zu ihr gab es viele Geschichten. Darunter eine, in der sich junge Polizeibeamte mitten in der Nacht die ereignislose Dienstzeit vertreiben wollten und sie anriefen, nur um zu fragen, ob sie mit einem namensgleichen Angestellten des Südwestrundfunks verwandt sei.

Witzig kann das nur finden, wer weiß, dass Bereitschaftsstaatsanwältinnen nachts nicht im Büro sitzen. Sondern schlafen, bis die Polizei anruft und eine staatsanwaltliche Anordnung braucht. Und eine Löwenmutter weckt man besser nicht ohne guten Grund. Was sie mit den unbekümmerten Polizisten machte, verbarg sie in einem bedrohlich-herzlichen Lächeln.

Wenn Staatsanwälte danach beurteilt würden, wie viele Jahre an Haft sie verursachen, dann würde es einen noch größeren Andrang auf die Dezernate geben, in denen wegen Gewalt, Missbrauch und organisierter Kriminalität ermittelt wird.

Eine Staatsanwältin, die Täter lange hinter Gitter bringt, gilt als erfolgreich. Doch worin genau besteht der Erfolg? In ihrem Spürsinn?

Der genauen Arbeit? Der guten Führung von Polizeikräften? Oder doch dem überzeugenden Plädoyer?

Zu wie vielen Jahren Haft ein Täter verurteilt wird, ist eine Schlagzeile wert. Nichts eint oder spaltet die Leser einer Kriminalschlagzeile mehr. Und kaum sind Menschen mehr empört als über zu hohe Strafen. Wenn der Tenor des Urteils auf wenige Jahre wegen eines Gewaltverbrechens lautet, zielt der Tenor des Volkes nicht selten auf zu große Milde.

Der Weg von der Tat bis zum Urteil ist ein Slalomlauf, der sich zusammensetzt aus einer Fahrspur, die die Strafprozessordnung vorgibt, und den Slalomstangen, die das Leben des Angeklagten bereitstellt.

Ist eine Tat bewiesen, ist die erste Orientierung für das Gericht der Strafrahmen, den das Gesetz vorgibt. Gegenüber US-amerikanischen Serien und höchstpersönlichen Ansichten von Gerechtigkeit positioniert sich die deutsche Strafprozessordnung schlicht und zurückhaltend. § 38 gibt den Rahmen in nur zwei Sätzen vor: »(1) Die Freiheitsstrafe ist zeitig, wenn das Gesetz nicht lebenslange Freiheitsstrafe androht. (2) Das Höchstmaß der zeitigen Freiheitsstrafe ist fünfzehn Jahre, ihr Mindestmaß ein Monat.«

Dass »lebenslang« jedermann ein Begriff ist, dafür sorgen Vorabendserien und unzählige Kriminalformate. Das Interesse an Geschichten, die so schlimm sind, dass ein Mensch ein Leben lang hinter Gitter soll, scheint kaum zu lindern sein.

Wann für eine Tat eine lebenslange Freiheitsstrafe verhängt werden darf, ist genau im Gesetz festgelegt: Hochverrat, besonders schwerer Landesverrat, Mord, besonders schwerer Fall des Totschlags und eine Reihe von schweren Straftaten mit Todesfolge sehen diese Strafe vor. Sie ist eine absolute Ausnahme.

Das Mindestmaß an Vollzugsjahren der sogenannten lebenslangen Freiheitsstrafe bestimmt § 57a Absatz 1 Nummer 1 des Strafgesetzbuchs mit einer Dauer von 15 Jahren. Eine längere Mindestdauer ergibt sich, wenn dann im Urteil die »besondere Schwere der Schuld« festgestellt wurde.

Alle übrigen Straftaten sind zeitig, doch ist der gesetzliche Strafrahmen, der häufig in der Presseberichterstattung genannt wird, nur ein wenig hilfreicher Rahmen bei der Frage, »wie viel dabei herauskommt.«

Wenn ein Mensch zum ersten Mal nachweislich betrügt und dabei einen dreistelligen Betrag erwirtschaftet, wird der Strafrahmen des Betrugstatbestands, der eine Geldstrafe oder eine Freiheitsstrafe von bis zu fünf Jahren vorsieht, kaum ausgeschöpft werden. Dass er regelmäßig ohne weitere Einordnung in der Presse genannt wird, führt daher zu schrägen Erwartungen der Leserschaft. Hohe Strafen gibt es auch bei großen Schäden vor allen Dingen dann, wenn Täter mehrfach ins Netz der Strafverfolger geraten.

Vor alldem kann die internationale Cybercrime-Bekämpfung kaum bestehen. Würden wir nach Haftstrafen beurteilt, würden wir erst als gute Staatsanwälte gelten, wenn Täter so schnell und so lange wie möglich hinter Gitter kämen. Es wäre niemand zu bekommen für das Metier der digitalen Nullen und Einsen.

Aber es zeigt sich – kaum ein Bereich ist so attraktiv für junge polizeiliche Nachwuchskräfte wie das Ermitteln im Cyberraum. Ist es tatsächlich eine Strafverfolgung ohne Menschen?

Das ist es nicht. Doch wir erleben einen Paradigmenwechsel.

Es gelingt immer wieder, Täter zu fassen und vor Gericht zur Verantwortung zu ziehen, die mit gezielter Schädigungsabsicht den Kontrahenten, den abspenstigen Arbeitgeber oder die Ex auf virtuellem Wege heimsuchen.

Doch die großen Schlagzeilen der vergangenen Jahre lauten: »Infrastruktur vom Netz genommen« und »Kryptowährungen sichergestellt«. Hier und da werden internationale Haftbefehle erlassen, Täter gesucht, Personen kriminellen Gruppierungen zugeordnet. Aber Bilder mit Handschellen bleiben eine Seltenheit.

Die Dynamik der Underground Economy und das Voranschreiten der virtuellen Währungen, ein anderer Begriff für Kryptowährungen, der nicht auf ihre Verschlüsselung, sondern auf ihre Dateneigenschaft verweist, zwingen uns zu einer neuen Herangehensweise. So sehr sich der Mensch im Legalen von den Dingen entfernt, indem fast alles per Fernzugriff ermöglicht wird, so sehr tut er es auch im Illegalen.

Wenn es sich eine Gruppierung zur Aufgabe gemacht hat, weltweit Unternehmen über das Internet anzugreifen, ihre Daten zu verschlüsseln und sie damit zu erpressen, haben wir es mit Profis zu tun. Geschäftsmodelle, die hinter sogenannten Ransomware-Gruppierungen stehen, lassen sich mit internationalen Franchise-Systemen vergleichen. Mit der digitalen Schwäche von Unternehmen lässt sich viel Geld verdienen, lassen sich viele Monatsgehälter für das eigene Online-Unternehmen erwirtschaften.

Es wird keinen wundern, dass sich dieser Grad an Professionalität nicht nur auf die Geschäftsidee, sondern auch auf die Verwischung von Spuren erstreckt. Und dass sich Täter, wann immer es ihnen möglich ist, in Teilen der Welt aufhalten, in denen zu ermitteln und aus denen auszuliefern eine Hürde oder gar ein Ding der Unmöglichkeit darstellen.

Klassischerweise ist das Vorgehen wie folgt: Eine Ermittlung wird durchgeführt, am Ende wird der Täter verurteilt und eine Form von Rechtsfrieden wiederhergestellt. Diese Erfüllungslogik ist in meinem Beruf außer Kraft gesetzt.

Wir legen Fälle an und kalkulieren schon zu Beginn ein, dass wir nicht unbedingt selbst diejenigen sein werden, die Täter identifizieren, das Geld sicherstellen und alle Server beschlagnahmen, sondern dass solche Schritte anderen Staaten vorbehalten bleiben könnten, die mit uns ermitteln. Es besteht auch die Möglichkeit, dass wir es überhaupt nicht schaffen. Oder dass der Erfolg nicht von langer Dauer ist.

Als im Januar 2021 die weltweit gefährlichste Schadsoftware Emotet vom Netz genommen wurde, stellte sich den Ermittlern im Geheimen eine Frage:

»Wie lange wird es halten?«

Es dauerte etwas weniger als ein Jahr, und Emotet war zurück.

Zehn Monate hatten Unternehmen weltweit ein nicht unerhebliches Problem weniger. Aber jahrelanges Ermitteln bei einer Resilienz der Kriminellen von weniger als einem Jahr? So sieht erfolgreiches Ermitteln im Cyberraum aus?

Wenn ein Darknet-Marktplatz vom Netz genommen wurde, lässt sein Untergang den nächstplatzierten erstarken. Wenn ein Krypto-Mixing-Dienst den Behörden zum Opfer fällt, ist es die Chance des Underdogs, der bis dahin in seinem Schatten stand.

Das Bedarfswesen im Netz lässt nicht nach, nur weil es uns bisweilen gelingt, wesentliche Komponenten von Cyberkriminellen abzukoppeln. Die romantische Vorstellung von Räuber und Gendarm gehört der Vergangenheit an.

Was auf den ersten Blick demotivierend wirken mag, wenn man mich mit der Tatort-Staatsanwältin vergleicht, die am Ende des regnerischen Arbeitstags ihren Trenchcoat anzieht und etwas erschlagen, aber siegreich das Büro verlässt, ist ein längst eingetretener leidenschaftsloser Paradigmenwechsel: Polizei und Justiz sind im Cyberraum nicht das ebenbürtige Gegengewicht zur Underground Economy. Dafür ist die Anfälligkeit der möglichen Opfer zu groß. Und darum ist es bereits ein großer Erfolg, wenn wir stören, Sand im Getriebe sind, den Tätern das Leben schwer machen.

Am schwersten machen wir es ihnen, wenn wir ihnen die Infrastruktur und das Geld wegnehmen. Die Idee, der Spur des Geldes zu folgen, ist so alt wie die Strafverfolgung selbst. Cyberkriminelle sind zumeist pekuniär angetrieben und wollen am Ende einen finanziellen Vorteil spüren.

Doch wie ist ihnen zu begegnen, wenn sie weder bar noch mit Kreditkarte bezahlen? Während es als Wirtschaftsstaatsanwältin zum Dauerrauschen meines brummenden Dezernats gehörte, BaFin- und Bankenanfragen zur Analyse von Finanzströmen zu stellen, bewegen wir uns bei der Strafverfolgung im Internet zumeist außerhalb derart regulierter Systeme.

Das Zahlungsmittel der Underground Economy sind virtuelle Währungen. Vollkommen legale, digitale Werteinheiten, die das Zentralbankensystem auf den Kopf stellen.

2008 entstand eine Netzwerkprogrammierung, die vorsieht, dass alle Netzwerkteilnehmer in gleichberechtigter Weise mitbezeugen sollen, ob Geld überwiesen wurde oder nicht – ohne dass eine Zentralbank bestimmt, wie viel Geld gedruckt oder ob der Zinssatz angehoben oder gesenkt wird.

So, wie die TOR Foundation mit dem Tor-Netzwerk, das wir Darknet nennen, seit den 2000er-Jahren eine technisch ausgeklügelte Möglichkeit der anonymen Kommunikation im Internet bereitstellt, so lässt es die Blockchain-Technologie seit Januar 2009 zu, Geld digital zu erhalten und zu transferieren, ohne dass dazu ein Banksystem bemüht werden muss.

Was noch vor Jahren als digitale Spielerei abgetan wurde, ist zum Finanzriesen geworden.

Es wird immer deutlicher: Bitcoin ist längst ein anerkanntes Zahlungsmittel geworden. Und in der kriminellen Welt war es früher anerkannt als im legalen Raum. Während Bildungsbürger noch belesen die Nase rümpften über den neumodischen Kram, machten Darknet-Marktplatzbetreiber bereits Millionenumsätze damit. Und nicht nur mit Bitcoin. Es existieren mehrere Tausend Kryptowährungen, auch wenn nicht alle von ihnen kapitalisiert sind. Es lässt sich gar von

Goldgräberstimmung sprechen, denn allen ist eines gemeinsam: der Wunsch, zum kapitalisierten Zahlungsmittel zu werden.

Seit ich Cyberstaatsanwältin bin, habe ich mir angewöhnt, nicht mehr von Euro zu sprechen, sondern von Fiat-Geld, in Abgrenzung zu den virtuellen Währungen. Denn wir müssen fein säuberlich unterscheiden, wann wir in nationalen Währungen denken oder handeln und wann in virtuellen. Die Strafprozessordnung kennt diese neuen Entwicklungen noch nicht.

Drogenhändler im Darknet sind da wendiger. Niemand muss sich mehr auf die Straße stellen, um seine illegalen Substanzen in Umlauf zu bringen. Es geht sehr viel einfacher im Darknet. Doch die Verschleierung über das Tor-Netzwerk und die virtuellen Zahlströme machen Dollar und Euro nicht obsolet. Wer 100 Euro für zehn Gramm Hasch möchte, möchte 100 Euro für zehn Gramm Hasch haben. Täter leben nicht in einer Parallelwelt, sondern gehen nur einen kleinen Umweg.

Wer sich einmal auf den Weg ins Darknet macht und nachsieht, wird merken, dass die Angebote in nationalen Währungen angeboten werden. Erst zum Zeitpunkt des Erwerbs sorgen eigens dafür eingesetzte Serverrechenleistungen dafür, dass der Käufer den Betrag sekundengenau in Bitcoin oder einer anderen virtuellen Währung angezeigt bekommt. Die teils krassen Kursanstiege und -senkungen sind nämlich nicht nur ein Risiko für Anleger, sondern auch für Kriminelle. Am Ende möchte man sein Auto kaufen, in den Urlaub fahren oder tatsächlich eine Lieferpizza bestellen. Und das macht man heute noch grundsätzlich in einer nationalen Währung.

Auch Bequemlichkeit spielt eine große Rolle. Der Darknet-Marktplatz Wall Street Market bot neben Bitcoin die viel anonymere virtuelle Währung Monero als Zahlmethode an. Bei ihr haben es Ermittler schwerer, Transaktionen nachzuvollziehen. Wäre das nicht die ideale Lösung für Käufer wie Verkäufer illegaler Drogen?

War es offenbar nicht.

Nur in einem Bruchteil der Transaktionen nutzten die Marktplatzbesucher diese anonyme Zahlmethode, obwohl hinreichend bekannt ist, dass sich Bitcoins viel besser nachvollziehen lassen. Ein Risiko mehr, das die Drogenkäufer und -verkäufer in Kauf nehmen.

Auch Täter sind Menschen in ihrer Komfortzone. Was ebenfalls für ihre Opfer gilt. Wenn Ransomware-Gruppierungen Unternehmen angreifen, werden vornehmlich Bitcoins als Erpressungssumme verlangt. Der Grund ist klar: Bitcoin ist das akzeptierteste Zahlungsmittel unter den virtuellen Währungen. Es ist anzunehmen, dass es ein Unternehmen schaffen wird, es sich zu beschaffen, was die Chancen steigen lässt, dass es sich dazu durchringen wird, zu bezahlen.

Kryptowährungen sind der Dreh- und Angelpunkt moderner Finanzermittlungen. Sie stellen uns vor rechtliche Herausforderungen, bieten aber auch erhebliche Chancen.

Erst im Jahr 2017 entschied der Bundesgerichtshof, dass Taterlangtes auch Bitcoins erfasst (Beschluss vom 27.07.2017, Az. 1 StR 412/16). Und das bedeutet, dass Staatsanwälte auch diesem Geld hinterherzustiefeln haben, ob sie wollen oder nicht.

Was sich als eine zusätzliche Aufgabe und Erfordernis weiterer Fortbildung bei ohnehin schon gut bestapeltem Schreibtisch anhört, ist Teil des Paradigmenwechsels, den uns der Fernzugriff von Tätern vorschreibt: Wenn wir ihrer nicht habhaft werden können, muss das Taterlangte das Ziel von Ermittlungen sein.

Es gibt ein altes und selten genutztes Institut in der Strafprozessordnung, das ich erstmals hervorwühlte, als ich kurz vor meiner unerwarteten Begeisterung für die Cyberkriminalität ein Dezernat für politisch motivierte Straftaten führte.

Ein Fall von Volksverhetzung lag auf meinem Tisch. Mehrere Universitäten hatten auf nicht nachvollziehbare Weise jeweils mehrere Exemplare eines Buchtitels erhalten, der eine Form der Holocaust-

Verharmlosung zum Gegenstand hatte. Der Beschuldigte war schon lange abgetaucht, daher war das Verfahren gegen ihn wegen eines vorübergehenden Hindernisses eingestellt worden. Steht der Eröffnung oder Durchführung des Hauptverfahrens für längere Zeit die Abwesenheit des Beschuldigten entgegen, treffen Staatsanwälte eine solche Entscheidung. Das subjektive Verfahren ist damit nicht durchzuführen: Der Beschuldigte ist nicht da.

Wo ein subjektives Verfahren existiert, muss es auch ein objektives Verfahren geben: die selbstständige Einziehung. Unter bestimmten Voraussetzungen können Tatmittel oder Erlangtes aus der Tat vorab eingezogen werden, ohne das Hauptverfahren vorwegzunehmen. Dafür brauchen wir den Beschuldigten erst einmal nicht.

Es gehört nicht zum alltäglichen Standardaktenumlauf, eine solche selbstständige Einziehung zu beantragen. Und genau aus diesem Grund bekam ich postwendend nach Eingang meiner Antragsschrift bei Gericht einen Anruf des zuständigen Richters.

»Frau Ringwald, was ist das denn?«

Der richterliche Kollege, ein sehr erfahrener und ganz und gar nicht zimperlicher Strafrichter mit mehr als zwei Jahrzehnten Erfahrung, verlieh seinem nicht allzu kleinen Unmut über dieses Unikat Ausdruck, indem er mir ganz offen sagte:

»So etwas hatte ich ja noch nie auf dem Tisch.«

Ein Hauptteil der Kollegialität unter Staatsanwälten, aber auch mit der Richterschaft, besteht darin, einander nicht hängen zu lassen. Ich versorgte ihn mit Beschlüssen anderer Gerichte, die ich selbst von helfenden Händen erhalten hatte und die in ähnlichen Fällen ergangen waren, und hörte mir zum Schluss des Telefonats noch ein lachendes »Am Ende der Woche noch so'n Ding, Frau Ringwald!« an.

Wenig später waren die Unruhe stiftenden Schriften rechtskräftig eingezogen und konnten von Amts wegen vernichtet werden.

Warum eine Anekdote richterlicher Unvorbereitetheit an dieser Stelle? Weil es nicht nur Bedarf an gesetzgeberischen Neuerungen gibt, um die dynamische Cybercrime zu verfolgen. Auch die Suche nach stillgelegten U-Booten, die für den Kampf gegen die Cyberkriminalität wieder flottgemacht werden können, kann Erfolg versprechend sein.

Dass wir Taten aufklären, deren Urheber wir vielleicht noch identifizieren, aber nicht orten können, kommt recht häufig vor. Was aber ebenso passiert, ist ein gelingender Nachweis illegaler Kryptowährungstransaktionen, ohne dass wir hierfür einen Beschuldigten bräuchten. Wenn ein deutsches Opfer in betrügerischer Weise um sein Geld gebracht wurde und dieses Geld in die Kanäle virtueller Währungen gerät, kann es für eine schnelle Einziehung sogar von Vorteil sein, wenn der Täter kaum zu lokalisieren ist. Gelingt es, diese Gelder einzufrieren, besteht die Möglichkeit, dem Täter das Geld wieder wegzunehmen.

Was in konventionelleren Justizzeiten der Exot für herumliegende volksverhetzende Schriften war, die zeitnah aus dem Verkehr gezogen werden sollten, kann in der Welt der Kryptowährungen nun eine Renaissance erfahren, um Cybercrime angemessen zeitgemäß zu bekämpfen.

Während Transaktionsverfolgung im regulierten Bankenwesen nicht unerheblichen Hürden entgegensteht, und zwar immer dann, wenn mal wieder eine Landesgrenze überwunden werden muss, lassen sich Kryptospuren in vielen Fällen gut nachvollziehen. Viele Staatsanwälte machen in dieser Zeit ihre ersten Erfahrungen mit Kryptowährungsbörsen, die ihren Sitz gerne in karibischen oder jedenfalls tropischen Regionen eingenommen haben, und sehen sich einem ganz neuen Umgang mit selbstbewusst auftretenden Finanzdienstleistern ausgesetzt.

Ein vitaler Markt neuer Kooperations-, aber auch Frustrationsmöglichkeiten hat sich uns Staatsanwälten eröffnet, und wer einmal auf diese Weise Geld für sein Opfer oder den Staat eingesammelt hat, wird diese Möglichkeit moderner Strafverfolgung wieder und wieder unternehmen.

Würden Staatsanwältinnen und Staatsanwälte belohnt für hohe Haftstrafen, es wäre fatal. Strafverfolgung und -zumessung darf nicht aus Egogründen betrieben werden. Auch wenn ein gesunder Verfolgungseifer dazugehört.

Sollten sie also nach dem finanziellen Mehrergebnis in Kryptowährungen unter Nutzung eines alteingesessenen strafprozessualen Instruments beurteilt werden?

Meine Behörde würde aufatmen, denn wir haben den Betreibern von Wall Street Market, denen von Hydra Market und jenen von ChipMixer insgesamt einen dreistelligen Millionenbetrag als Taterlangtes in virtuellen Währungen weggenommen.

So groß diese Erfolge waren, so viel größer war meine Freude, als ich einer jungen Kollegin das erste Mal helfen durfte, ihrem Opfer, einer älteren Dame aus H., einen Großteil ihres Betrugsschadens aus einer Kryptowährungsbörse zu fischen, die sich noch nicht einmal veranlasst sah, überhaupt einen Firmensitz anzugeben. Aber mit uns kooperiert hat sie. Diese Kollegin wird nun nicht mehr davon abzubringen sein, diesen neuen alten Weg zu beschreiten.

»Sie sind aber auch in der Realität angekommen, Frau Ringwald«, schmetterte mir vor Kurzem ein jüngerer Kollege entgegen, der erfolgreich Kryptowerte auf den Seychellen gesichert hatte und dem ich vermittelte, dass wir damit in Serie gehen sollten.

Staatsanwälte sollten weder nach Haftstrafen noch nach Einziehungsbeträgen beurteilt werden, sondern nach ihrer guten Arbeit. Und die bemisst sich in der heutigen Zeit danach, wie kreativ und wendig sie das bestehende Instrumentarium einsetzen, um mit Neuem umzugehen.

KAPITEL 11

KONTROLLE IST GUT, VERTRAUEN IST BESSER!

CYBERANGRIFFE auf Unternehmen sind längst Alltag in der Wirtschaft. Es vergeht kein Tag, es vergeht keine Stunde und Minute, in denen Firmenaccounts nicht gehackt werden. Die Folge: Erpressung, Lösegeld, Kontrollverlust. Das Problem in der Strafverfolgung: Nur wenige Betroffene wollen im Ernstfall mit den staatlichen Ermittlungsbehörden zusammenarbeiten. Nur kein Aufruhr, nur keine Schlagzeilen, nur keine Polizisten auf dem Firmengelände. Schön alles unter dem Teppich halten. Ich sage es offen: Wir als Strafverfolger und Ermittler von Staats wegen tragen selbst erheblich zu diesem Misstrauen bei. Mein Appell: Gegen den Willen derer zu arbeiten, die eigentlich zu schützen sind, muss beendet werden. Eine erfolgreiche Cybercrime-Bekämpfung erfordert mehr als nur den gesetzlichen Auftrag, es braucht die Kooperation der Menschen.

Die Lage.

Es ist einer der polizeilichsten Begriffe überhaupt.

Die Lage bildet das Gesamtgeschehen ab, offenbart die Gefährdung, definiert, was zu tun ist. In die Lage oder sogar vor die Lage zu kommen, ist das Ziel polizeilichen Vorgehens. Und dabei darf kein Detail übersehen werden. Der Blick auf die Lage hilft nur, wenn sie in ihrer Gesamtheit erfasst wird.

Der größte anzunehmende Unfall hat sich in das Digitale verlagert. Unternehmen, Institute, Krankenhäuser und die öffentliche Verwaltung sind zur Zielscheibe von Cyberangriffen geworden. Die Option des vorbeigereichten Kelches kann als eine naive Annahme eingeordnet werden. Die Schäden reichen vom aufwendigen Hochfahren eines gut aufgesetzten Backends bis zum Ausfall von Gebäudeleitsystemen, von der Detektion eines Fernzugriffs ohne weitere Auswirkungen bis zur Außerkraftsetzung der medizinischen Notfallversorgung eines Kreiskrankenhauses.

Von Cyberangriffen ist der Schraubenweltmeister ebenso betroffen wie das Hightechunternehmen.

Cybercrime macht uns alle gleich.

Aber wir verhalten uns nicht so.

In Vorbereitung eines Cybersicherheitspanels, geleitet durch eine internationale Großkanzlei, befand ich mich im Jahr 2022 in einer Videoschalte. Der moderierende Rechtsanwalt fragte in Erwartung eines noch fehlenden Teilnehmers den Vertreter eines Energiegroßkonzerns:

»Hatten Sie eigentlich schon Cyberangriffe in diesem Jahr?«

Die Antwort:

»Wir haben sie jeden Tag.«

Selten sah ich gesellschaftliche Vorstellung einerseits und tatsächliche Lage andererseits so präzise einander gegenübergestellt.

Der Angriff wird kommen, er wird sich womöglich wiederholen. Es ist eine Realität, der sich Unternehmen zu stellen haben. Die Vorhersehbarkeit von Cyberangriffen erweitert unseren gesetzlichen Auftrag.

Es ist hinreichend bekannt, dass von Cyberangriffen betroffene Unternehmen nur in einem Bruchteil der Fälle Strafanzeige erstatten. Es lässt sich darüber spekulieren, wie viele Angriffe nicht zur Kenntnis der Strafverfolgungsbehörden gelangen und was es mit dem Sicherheitsverständnis in Deutschland anstellen würde, wenn sie es täten.

Eines jedoch ist gewiss: Die Vorstellung vieler Unternehmensführer, was genau passiert, wenn Polizei und Staatsanwaltschaft nach einem Cyberangriff tätig werden, ist bestenfalls harmlos. Im schlimmsten Falle ist sie desaströs.

»Also, wenn ich nicht muss, dann lasse ich das mit der Strafanzeige lieber, sage ich Ihnen ganz ehrlich.«

Ein Unternehmer brachte mit dieser Aussage auf den Punkt, was viele denken und praktizieren.

Als Cyberstaatsanwältin stehe ich für einen Machtapparat. Staatliche Befugnisse sind erst einmal kein Geheimnis. Was wir dürfen und was nicht, ist in Gesetzesform gegossen worden. Jeder kann nachlesen, was eine Erpressung ist. Jeder kann die Strafprozessordnung durchblättern und versuchen, sich einen Reim darauf zu machen, was eine Telekommunikationsüberwachung nach § 100a im digitalen Zeitalter bedeuten könnte. Was heute damit gemeint ist, dass nach § 94 Gegenstände, die als Beweismittel für die Untersuchung von Bedeutung sein können, in Verwahrung zu nehmen oder in anderer Weise sicherzustellen sind. Das Instrumentarium meines Berufs ist viele Jahrzehnte alt.

Und der Gesetzgeber war und ist kein Cyberexperte.

Wenn sich ein Machtapparat eines Instrumentenkastens bedient, der nicht mehr in diese Zeit zu passen scheint, entstehen Fragen. Wie arbeiten Polizei und Justiz? Wie gehen sie vor, wenn die IT-Infrastruktur eines Unternehmens von unbekannten Tätern angegriffen wird?

Selbst ich wusste das nicht, als ich bereits Staatsanwältin war, aber noch in der analogen Welt ermittelte. Woher sollen solche Kenntnisse betroffene Unternehmen und ihre Firmenlenker haben?

Staatlichen Behörden wird das Recht eingeräumt, sich zurückzuziehen. Jeder erkennt an, dass eine Staatsanwältin nicht auspacken kann. Es wäre witzlos und gefährlich, dies zu tun.

Doch was bei einer Gewalttat und im Kampf gegen den Drogenhandel noch nachvollziehbar erscheint, zeigt sich dann, wenn ein großes Unternehmen aus dem Cyberraum angegriffen wurde, das womöglich kritische Infrastruktur bereitstellt oder eine große Zahl Menschen beschäftigt, als ernst zu nehmendes Problem bei der Verfolgung von Straftaten.

Ermittlungsbehörden dürfen schweigen, über vieles müssen sie sogar schweigen. Doch wenn sie es tun, bekommen sie gleichzeitig ein gewaltiges Problem: das Misstrauen der Menschen, die sie beschützen wollen und sollen. Und dieses Misstrauen behindert ihre Arbeit.

Ein gordischer Knoten?

Würden Polizei und Justiz PR-Agenturen beschäftigen, hätten sie alle Hände voll zu tun. Wen man auch fragt – seien es betroffene Unternehmen, deren Rechtsanwälte, seien es Vertreter der Cybersicherheitsindustrie oder solche der Versicherungsgesellschaften –, die angeführten Gründe, weswegen man sich von diesen Behörden sicherheitshalber fernhalten sollte, erscheinen zahlreich.

Sie bilden ein Kompendium der gebotenen Zurückhaltung: das Lagebild der Vorbehalte.

Was passiert, wenn die Polizei vorbeischaut, um Beweise zu sammeln? Es ist eine weit verbreitete Ansicht, dass Ermittlungsbehörden, wenn sie vorbeischauen, viel mitnehmen und es ungern oder jedenfalls spät wieder zurückbringen. Zumindest jedoch, dass sie in einer Phase, die Unternehmerinnen und Unternehmer ausnahmslos als nicht enden wollenden Albtraum beschreiben, empfindliche Abläufe stören könnten.

Ein von einem Cyberangriff betroffenes Unternehmen bewegt sich irgendwo zwischen kontrollierter Ohnmacht, diffuser Nebelfahrt durch die Geschehnisse und dem größten anzunehmenden Unfall. Die Kaskade solcher Auswirkungen verläuft oftmals in einer gaunerhaften Dramaturgie: Wie viele Systeme tatsächlich betroffen sind, wird oft erst über quälend lange Stunden zur Gewissheit. Welche Kundendaten die Täter erlangen konnten und im Darknet geleakt haben, offenbart sich nicht selten erst nach Tagen. Der Umstand, dass nicht einmal mehr Telefone funktionieren, wirft mitunter die Frage auf, ob man sich einfach nur ergeben soll.

In dieser Situation will man sich niemanden ins Unternehmen holen, der die chaotischen Anfangszustände noch erschwert. Von Cyberangriffen betroffene Unternehmen haben ein anderes Problem als die Strafverfolgungsbehörden. Sie wollen den Angriff überstehen. Polizei und Justiz wollen Straftäter finden. Und beide haben nur eine kleine gemeinsame Schnittmenge: die Spuren der Täter, und sie liegen immer in den Daten.

Das, womit sich ein Unternehmen in ebenso großer Intensität wie bei seinen steuerlichen Pflichten zu beschäftigen hat, ist seine Cybersicherheit. Und schnell wird klar: Einen hundertprozentigen Schutz kann es nicht geben. Wer sein System an das Internet anschließt, wird angreifbar. Wer seine Mitarbeiter eigenständig E-Mails lesen und bearbeiten lässt, setzt sich der Gefahr aus, dass ein Link angeklickt wird, der das Tor zur Unterwelt der Underground Economy aufstößt.

»Keine Sorge, wir sind Profis. Nehmen Sie Kontakt zu uns auf, und wir erläutern Ihnen im Einzelnen, was Sie tun müssen, damit Ihre Infrastruktur wieder entschlüsselt wird.«

Der Zynismus einer Ransomnote, dem Erpresserschreiben der Cyberangreifer, kann teuflische Züge annehmen. Einige Gruppierungen richten auf ihren Domains ganze Infocenter ein, um die Kundschaft umfassend zu betreuen. FAQs und Chatfunktion zeigen, wie sicher sie sich ihrer Sache sind. Erpressungsforderungen in Millionenhöhe? Kein Grund, Stil und Form zu verlieren.

Ein von einem Cyberangriff betroffenes Unternehmen erlebt einen Albtraum. Nicht immer steht alles auf dem Spiel. Aber die Unabsehbarkeit des Schadens, gerade wenn Kundendaten abhandengekommen sein könnten, lähmt und lässt Unternehmer nicht mehr ruhig schlafen.

In dieser Situation ist es hilfreich, wenn keine weiteren Unbekannten hinzutreten. Und diese Unbekannten waren lange Polizei und Justiz. Die es von Gesetzes wegen nicht nötig haben, ihre Arbeit zu erklären. Im Gegensatz zu den Tätern, die kein Geheimnis aus ihrer Vorgehensweise machen und gerne bereit sind, zu erklären, wohin man die Bitcoin-Millionen überweisen kann, um eventuell wieder einen Vollzugriff auf die eigenen Systeme zu gewährleisten.

Wenn Behörden denen, die sie schützen wollen, nicht erklären, was sie tun, und für diese die Möglichkeit besteht, sich herauszuwinden, dann geschieht eines zwangsläufig: besser mal keine Strafanzeige. Besser mal selbst zurechtkommen.

Polizeiwagen in der Hofeinfahrt sind das Letzte, was eine Unternehmerin an Publicity braucht, während sie gerade um das Überleben ihrer Firma kämpft.

Den Tätern eines Cyberangriffs auf die Schliche zu kommen, erfordert brauchbare Spuren, und diese Spuren liegen bei den Opfern. Es sind Spuren in ihren Daten. Vielfach können relevante Daten aushändigt werden: remote. Es müssen keine Polizeibusse vorfahren. Aber wer weiß so etwas?

Es kann aber auch an unerwarteter Stelle ungemütlich werden für ein Unternehmen, das sich einem Cyberangriff ausgesetzt sieht. Wenn der Vorwurf im Raum steht, nicht ordentlich mit Kundendaten umgegangen zu sein. Nicht nur die Reputation steht auf dem Spiel, sondern auch staatliche Sanktionen.

Als ich auf einer Cybersicherheitsveranstaltung für die Automobilbranche an einer Diskussionsrunde teilnahm, offenbarte die Leiterin der Rechtsabteilung eines Unternehmens, was viele fürchten: »Sie können sich gar nicht vorstellen, wie sehr wir unter Beschuss standen. Wir waren angegriffen worden, aber die Vorwürfe richteten sich teilweise gegen mich und meine Kollegen persönlich.«

Die Suche nach Schuldigen, wie sie viele Unternehmen erleben. Selbst wenn Sicherheitskriterien nicht ausreichend eingehalten sein sollten, haben bei der Aufklärung eines Cyberangriffs zunächst zwei Aspekte Vorrang: die Rücksicht auf ein Unternehmen, das seine Handlungsfähigkeit und Produktivität wiedererlangen muss, sowie die schonende Sicherung von Spuren, die den Angriff aufklären können.

Wenn nicht ordentlich mit Kundendaten umgegangen wird, muss das überprüft werden. Aber wenn ein Unternehmen brachial angegriffen wurde, ist das nicht die erste zu klärende Frage.

Der Umgang mit solchen Herausforderungen erfordert eine geländegängige, ergebnisoffene Kommunikation zwischen Behörden und Unternehmen, die so nicht im Gesetzbuch steht. Die Strafprozessordnung gestattet aber einen geradezu ironischen Schachzug, der die Konsequenzen der bestehenden Abschottung zwischen Unternehmen und Behörden enthüllt: die Durchsuchung beim betroffenen Unternehmen gegen dessen Willen.

Nach § 103 der Strafprozessordnung darf bei Dritten durchsucht werden, »wenn Tatsachen vorliegen, aus denen zu schließen ist, dass die gesuchte Person, Spur oder Sache sich in den zu durchsuchenden Räumen befindet.« Und das ist bei einem Cyberangriff die IT-Infrastruktur des betroffenen Unternehmens.

Wenn der Verdacht einer Erpressung vorliegt oder im Falle einer Computersabotage, die grundsätzlich das Strafantragserfordernis birgt, das öffentliche Interesse des Angriffs durch die Staatsanwaltschaft bejaht wird, braucht es keine Strafanzeige. Nach dem Amtsermittlungsgrundsatz ist die Staatsanwaltschaft »grundsätzlich verpflichtet, wegen aller verfolgbaren Straftaten einzuschreiten, sofern zureichende tatsächliche Anhaltspunkte vorliegen.«

Ob die Betroffenen das für eine gute Idee halten, spielt erst einmal keine Rolle.

Unsere Rechtsordnung gestattet es uns, Spuren einer Straftat zu suchen, die zum Nachteil eines Unternehmens geschah, das jedoch selbst kein Interesse hat, sie strafrechtlich verfolgt zu wissen. Ein Grund dafür ist, dass Unternehmen keinen direkten, spürbaren Vorteil haben, wenn die Polizei gut ermitteln kann. Die Möglichkeit der Durchsuchung »gegen den Willen« muss es geben, weil die Auswirkungen von Cyberangriffen die Betroffenheit eines Einzelunternehmens weit überschreiten können. Und gleichzeitig ist diese Möglichkeit der Aufruf zu einem Umdenken. Gegen den Willen derer zu arbeiten, die eigentlich zu schützen sind, lässt das Vertrauen in staatliche Stellen schrumpfen und die Sinnfrage im Hinblick auf unser Tun aufkommen.

Aber damit nicht genug.

»Die Polizei anzurufen, bringt uns nichts«.

Es ist eine ebenso fortbestehende wie leidenschaftslose Kurzzusammenfassung des unternehmerischen Erwartungshorizonts.

Anders formuliert: Die Polizei wird uns nicht retten.

Und das stimmt. Es ist weder das Mandat noch im Bereich des Möglichen, dass Polizeikräfte beim Wiederaufbau eines durch einen

Cyberangriff in die Knie gegangenen Unternehmens helfen können, wenn man einmal von den vielfach und gerne in Anspruch genommenen polizeilichen Beratungsleistungen absieht, insbesondere in Fragen der Kommunikation mit den Cybererpressern.

Nur eines muss jedem, der so denkt, klar sein: Ein nicht gemeldeter Cyberangriff existiert nicht. Er taucht in keiner Statistik auf. Er kann nicht als Grund für weitere Ressourcenbereitstellungen herangezogen werden. Er kann niemanden beunruhigen. Jeder nicht gemeldete Cyberangriff erzeugt eine Sicherheit, die es so nicht gibt.

Wir alle haben ein Interesse, zu erfahren, wie die Lage wirklich ist. Aber ohne verlässliche Daten über Anzahl und Arten von Cyberangriffen ist es unmöglich, Bedrohungen adäquat einzuschätzen und benötigte Ressourcen zu stellen.

Ohne das Vertrauen der Unternehmen, dass eine erfolgreiche Bekämpfung der Cybercrime möglich ist, ohne sie, die Betroffenen, in ihrer Arbeit zu beeinträchtigen, ist es gleichfalls unmöglich, sie dazu zu bewegen, den Ermittlungsbehörden diese Daten zu geben und ihnen zu vertrauen.

Denn es droht weiteres Ungemach: die Presseberichterstattung über das eigene Angegriffensein. Die Panik, Kunden zu verlieren, ist förmlich spürbar, wenn ein Angriff gerade geschehen ist.

Es ist ein Trend der zurückliegenden Jahre, dass Polizei und Justiz ernst zu nehmende Schläge gegen die Cyberkriminalität hör- und sichtbar kundtun. Die Freude ist zu Recht groß, oftmals flankiert durch ein »Seizure Banner«, das den Erfolg im Bildschirmformat symbolisiert und auch ein Signal an die Gegnerschaft senden soll: Wir haben den Laden übernommen.

Wenn aber Polizei und Justiz nicht erläutern, wie ihre Presse- und Öffentlichkeitsarbeit im Übrigen aufgebaut ist, muss man sich die Zurückhaltung derjenigen Unternehmen gefallen lassen, die fürchten, eine solche Versorgung der Presse mit brandaktuellen Informationen erfolge auch postwendend nach ihrer Strafanzeige. Und damit zum Schaden des Unternehmens.

Das Gegenteil ist auch hier der Fall.

Cyberangriffe stellen eine besondere Form der verdeckten Ermittlungen dar. Der Angriff ist einer Vielzahl von Personen bekannt, aber wer die Täter sind, bleibt zunächst unklar. Das bedeutet, dass die Ermittlungen eine nicht unerhebliche Zeit »gegen unbekannt« geführt werden und Strafverfolgungsbehörden ein gesteigertes Interesse und im Übrigen auch die Pflicht haben, Stillschweigen über die unternommenen Ermittlungsschritte zu bewahren, obwohl sehr viele um den Angriff wissen.

Abermals. Wer soll um diese wichtige Unterscheidung wissen, wenn Behörden schweigen?

Was ein Cyberangriff konkret bedeutet, kann geübt werden, so beten es Cybersicherheitsunternehmen unermüdlich vor, beinahe wie ein Mantra. Aber Unternehmensführer brauchen in einer Angriffssituation Spielräume, Flexibilität im Handeln sowie die Möglichkeit eines Kurswechsels.

Was, wenn man diesen Handlungsspielraum verliert?

Diese Frage stellen sich viele Unternehmen, und sie macht das Quintett der Standardgründe, Polizei und Justiz lieber nicht einzuschalten, komplett.

Die Fragen, ob Lösegeld gezahlt werden sollte oder darf, ob Änderungen an der IT-Architektur vorgenommen werden können und ob mit den Tätern zu kommunizieren ist, muss da eigentlich immer die Polizei befragt werden?

Nein, das muss sie nicht.

Betroffene Unternehmen können von polizeilicher Erfahrung in Angriffssituationen enorm profitieren. Aber sie selbst behalten die Zügel in der Hand.

Das Mandat von Polizei und Justiz – Cybercrime erfolgreich zu bekämpfen – können wir nicht ohne die Betroffenen erfüllen. Die Sorge der Unternehmen vor dem Einschreiten von Polizei und Justiz ist relevant – für die Cybersicherheitslage in Deutschland ebenso wie für den Erfolg von Ermittlungen.

Jedes angegriffene Unternehmen beherbergt Puzzleteilchen, die die Spuren zu Tätergruppierungen legen, deren Einflussbereich keine Landesgrenzen berücksichtigen muss. Damit ist das Opfer aus Sicht der Strafverfolgung ein Spurenlieferant. Nicht mehr und nicht weniger.

Ein strafprozessuales Denken, das seine Behäbigkeit nicht aufgibt, kann in der dynamischen Landschaft anhaltender Cyberangriffe nicht bestehen. Der Weg zum Idealfall einer Zusammenarbeit zwischen Polizei, Justiz und Unternehmen ist nicht und wird nie im Gesetz abgebildet sein.

Sicherheits- und Strafverfolgungsbehörden müssen sich in einer Art und Weise auf Unternehmen und Industrie zubewegen, für die es bislang in Deutschland keine gelebte Kultur gibt, aber sehr wohl ein großes Potenzial. Bestehende Vorbehalte mögen im Einzelfall berechtigt sein oder nicht – sie müssen ausgeräumt werden. So ist es meine ungeschriebene Aufgabe, Unternehmenslenker zu überzeugen, mit uns zusammenzuarbeiten. Überzeugen können nur Personen, Behörden können es nicht. Wahrgenommen wird, wenn staatliches Handeln ein Gesicht bekommt.

Eine Cyberstaatsanwältin darf nicht nur Macht und Verantwortung ausstrahlen. Mein Beruf muss für gelebtes Vertrauen stehen, für praktizierte Rücksichtnahme und eine gedankliche Elastizität.

Das Regelwerk der Strafprozessordnung genügt nicht mehr für die Erfüllung unserer Aufgaben bei Polizei und Justiz. Hohe Investitionen in die Cybersicherheit eines Unternehmens lösen ebenfalls nicht das gesamte Problem.

Es ist vertrauensvolle Kommunikation, die dies vermag.
Es ist die Anerkennung beiderseitiger Bedürfnisse.
Damit wir das Lagebild neu schreiben können.

KAPITEL 12

MIT DEM KAMEL DURCHS NADELÖHR

DER ORT der staatsanwaltlichen Zuständigkeit ist nicht immer eindeutig. Vor allem, wenn ein Täter per Auslieferung aus dem Ausland nach Deutschland zurückgebracht werden muss. Ein Glück, dass Deutschlands größter Flughafen in Hessen liegt. Staatsanwältin sein bedeutet auch, um die Ecke zu denken, um den Fall selbst zu Gericht bringen zu können. Kreativität und Mut zur Lücke gehören zu Strafverfolgern, die (selbst) erfolgreich sein wollen.

»Bekommen wir den Fall nach Hessen?«

Es ist eine der Fragen, die häufig über die Gänge der Zentralstelle zur Bekämpfung, kurz ZIT, der Generalstaatsanwaltschaft Frankfurt am Main schallt. Nicht immer kommt umgehend eine Antwort.

Oft heißt es sinngemäß: »Wir ermitteln erst einmal auf Sicht, es gibt aber erste Hinweise auf eine hessische Betroffenheit, auf hessische Opfer.«

Nichts steht, strukturell betrachtet, der Cybercrime-Bekämpfung so sehr im Wege wie Landes- und Staatsgrenzen. Und im Kontakt mit unseren ausländischen Kollegen, die aus zentralistischen Staaten agieren, erscheint der Föderalismus wie eine selbst eingebaute Hürde in einem ohnehin sehr anspruchsvollen Wettlauf.

Strafverfolgung ist grundsätzlich eine Angelegenheit der Länder. Der bundesweit zuständige Generalbundesanwalt besitzt Sonderzuständigkeiten, insbesondere im Bereich Terror und Spionage. Cybercrime gehört erst einmal nicht dazu. 16 Bundesländer bekämpfen Cybercrime. Das bedeutet: Zusätzlich zur ultrahohen Dynamik im Cyberraum, dem immensen Bedarf an Technik, Sachverstand und Personal muss in Deutschland immer noch die Zuständigkeit der Länder geprüft werden, um einen Fall von Cybercrime zu übernehmen oder abzugeben und ihn schließlich im Idealfall vor Gericht zu bringen.

Welche Auswirkungen das im Einzelfall annehmen kann, zeigt der sehr erfolgreiche Takedown von BoysTown, einer Kinderpornografieplattform im Darknet.

Als das Bundeskriminalamt und die Generalstaatsanwaltschaft Frankfurt die Plattform im April 2021 abschalteten, galt sie als die weltweit größte ihrer Art mit über einer Million Forenbeiträge. Geteilt wurden über sie Aufnahmen von teilweise schwerster sexueller Gewalt an Kindern. Die Betreiber hatten BoysTown im Juni 2019 gegründet.

Die Ermittlungen waren – wie üblich – international angelegt. Niederländische, moldauische, britische, australische und deutsche Kolleginnen und Kollegen machten den Erfolg möglich. Wir feiern unsere Erfolge nie allein. Was dem Erfolgserlebnis keinen Abbruch tut. Vitale Beziehungen zu ausländischen Kolleginnen und Kollegen zu unterhalten, die in vielen Fällen wie selbstverständlich miteinander und füreinander ermitteln, ist einer der nobelsten Aspekte am Beruf der Cyberstaatsanwältin.

Zu Beginn der Ermittlungen war nur bekannt, dass es sich um vier offenbar deutschsprachige Betreiber handeln würde. In einer solchen Ausgangslage kann eine deutsche Zuständigkeit ohne Weiteres begründet werden. Aber wer im ganzen Land soll oder darf oder muss den Job übernehmen?

»Die örtliche Zuständigkeit der Staatsanwaltschaft bestimmt sich nach der örtlichen Zuständigkeit des Gerichts, bei dem die Staatsanwaltschaft besteht. Fehlt es im Geltungsbereich dieses Gesetzes an einem zuständigen Gericht oder ist dieses nicht ermittelt, ist die zuerst mit der Sache befasste Staatsanwaltschaft zuständig«. So steht es in § 143 Absatz 1 Satz 1 und 2 des Gerichtsverfassungsgesetzes.

Übersetzt bedeutet das: Jeder ermittelt nur in seinem Beritt. Wenn eine Zuständigkeit örtlich zunächst nicht feststellbar ist, hat diejenige Staatsanwaltschaft das Zugriffsrecht, die als erste loslegt. Und das war die ZIT.

Die Situation ändert sich, wenn sich der Fall in Richtung Anklage bewegt. Und das tat BoysTown erfreulicherweise. Im Laufe der Ermittlungen stellte sich heraus: Die vier Betreiber, im Alter von 42 bis 66 Jahren, waren nachweislich allesamt Deutsche, hatten ihre Wohnsitze jedoch überall, nur nicht in Hessen. Hamburg, Berlin, Bayern und ein Norddeutscher, der nach Paraguay ausgewandert war.

Einen Fall an eine andere Staatsanwaltschaft abgeben zu müssen, kann für eine Staatsanwältin mit einem überlasteten Dezernat durchaus eine willkommene Vorstellung sein. Staatsanwälte haben selten das Problem zahlenmäßiger Unterforderung.

Aber BoysTown war nicht irgendein Fall. In internationaler Zusammenarbeit die vier deutschen Betreiber der weltweit größten Kinderpornografieplattform zu identifizieren, die rechtlichen und technischen Voraussetzungen für einen Takedown zu schaffen, das geschieht auch bei den Profis nicht alle Tage. Kurz: So einen Fall gibt man nicht ab, wenn man nicht unbedingt muss.

Das Gesetz gestattete (trotz Föderalismus), solange der Fall eine deutsche, aber keine zwingende Länderzuständigkeit etablierte, unser Ermitteln. Doch mit jeder weiteren Identifizierung fiel die Hoffnung, dass auch ein Hesse bei den Betreibern dabei sein könnte. Was eine Möglichkeit gewesen wäre, den Fall vor das Landgericht Frankfurt am Main bringen zu können.

Eine Hoffnung bestand. Und die bahnte sich an, als ich als Rechtshilfedezernentin mit dem Fall betraut wurde. Kinderpornografische Ermittlungen habe ich nie selbst geführt, auch nicht diese. Bei der Erörterung von technischen Identifizierungsmaßnahmen rief man mich gelegentlich hinzu, um von den Erfahrungen anderer Darknet-Ermittlungen zu erzählen oder Verbindungen zu Ermittlern und Technikern herzustellen, die Cybercrime im engeren Sinne ermitteln. Denn bis es zu einer Anklage kommt, ist auch eine Kinderpornografieplattform zunächst eine technische Angelegenheit. Die erschütternden Inhalte spielen bei der Identifizierung der Täter und ihrer Infrastruktur erst einmal keine Rolle.

Aber im Fall BoysTown kam eine Auslieferung in Betracht. Der Norddeutsche, der schon Jahre zuvor nach Paraguay ausgewandert war und die Plattform von dort mitbetrieb, hatte lokalisiert werden können. Er besaß nach wie vor die deutsche Staatsangehörigkeit und lebte in Südamerika. Zurückgezogen in einer prekären Dschungelhütte.

Der Kontakt zu den paraguayischen Behörden ließ sich herstellen. Sie zeigten sich überaus kooperativ.

Doch eine mögliche Auslieferung des vierten Betreibers sollte nicht bloß geschehen, um alle Plattformadministratoren zur Verantwortung zu ziehen. Um sie alle in Deutschland auf die Anklagebank zu setzen. Es bestand die reale Möglichkeit, dass sich derart doch noch eine hessische Zuständigkeit etablieren ließe, um den Fall vor dem Landgericht Frankfurt zu verhandeln.

Die örtliche Zuständigkeit für ein Gericht ist im Zweiten Abschnitt der Strafprozessordnung geregelt, der die Überschrift »Gerichtsstand« trägt. In den häufigsten Fällen begründen der Tatort (§ 7) oder der Wohnsitz beziehungsweise Aufenthaltsort (§ 8) den Gerichtsstand. Beides hätte den Fall in Hessen unverhandelbar gemacht.

In § 9 der Strafprozessordnung ist jedoch der Gerichtsstand des Ergreifungsortes benannt. Die Vorschrift lautet in etwa wie die Wiederholung ihrer Normüberschrift:

»Der Gerichtsstand ist auch bei dem Gericht begründet, in dessen Bezirk der Beschuldigte ergriffen worden ist.«

Wie konnte uns das behilflich sein?

Der vierte Beschuldigte saß in Paraguay und konnte mit viel Glück dort festgenommen werden. Bei einer Auslieferung ist für den Gerichtsstand der Ort des Grenzübergangs entscheidend.

Und das ist dort, wo der Beschuldigte als Erstes seinen Fuß auf deutschen Boden setzt.

Flughafen Frankfurt am Main.

Das war die Lösung.

Aber eins nach dem anderen. Als wir im Januar 2021, wenige Monate vor dem geplanten Takedown, der auch die Inhaftierung der Beschuldigten nach sich ziehen würde, erstmals andachten, diesen Weg zu gehen, wussten wir nur, dass erste polizeiliche Erkenntnisse auf eine gedeihliche Zusammenarbeit mit den paraguayischen Behörden hoffen ließen. Und dass die Einladung ausgesprochen wurde, deutsche Polizeibeamte den anstehenden Durchsuchungen beiwohnen zu lassen. Mehr nicht.

Eine Auslieferung aus einem Nicht-EU-Staat ist aber alles andere als eine Selbstverständlichkeit.

Ich nahm Kontakt zu einer sehr erfahrenen Rechtshilfedezernentin auf, die ich Jahre zuvor bei einer Fortbildung zur Europäischen Ermittlungsanordnung in Barcelona kennengelernt hatte.

In der Rechtshilfe ist die Kenntnis geltender Regeln und Formalia das eine Entscheidende. Mindestens ebenso entscheidend kann jedoch sein, ob jemand einen bestimmten Rechtshilfeweg bereits erfolgreich beschritten hat und damit auf gewonnenes Wissen zurückgreifen kann. Oder sogar über vitale Kontakte verfügt.

Eine Auslieferung aus Paraguay hatte meine Kollegin wenige Jahre zuvor erfolgreich umgesetzt und lieferte mir alles zu, was sie damals unternommen und in Papierform gegossen hatte.

Staatsanwaltliche Kollegialität erfolgt vor allen Dingen durch die Bereitstellung gewonnenen Wissens, und zwar nicht in theoretischer Gestalt, sondern in Form von Mustern, Formulierungshilfen und erlebten Besonderheiten. Und der Freude darüber, wenn man wirklich weiterhelfen kann.

Wir hatten nicht viel Zeit und mussten in wenigen Wochen das Ersuchen, einen deutschen Staatsangehörigen, verdächtig der Verbreitung, des Erwerbs und des Besitzes kinderpornografischer Inhalte, nach Deutschland auszuliefern, an die paraguayischen Behörden steuern. Denn schon bald sollte der koordinierte Zugriff erfolgen.

Erforderlich ist hierfür die »große Rechtshilfe«, der diplomatische Rechtshilfeweg, unter Beteiligung der deutschen Botschaft vor Ort.

Doch wir wussten – selbst, wenn auf behördlichen Wegen alles schnell gesteuert würde, eines war für uns nicht absehbar: Würden die Paraguayer ausliefern? Und wenn ja, wann?

Verbreitung, Erwerb und Besitz von Kinderpornografie ist nahezu überall auf der Welt ein schwerwiegender Straftatbestand. Und Paraguay konnte dem deutschen Betreiber selbst den Prozess machen. Wenn auf dem eigenen Hoheitsgebiet Straftaten begangen werden, ist die Auslieferung des ausländischen Täters eine Möglichkeit, aber kein Muss.

Ohne Garantie für das Gelingen entstand ein Plan: ein groß angelegter Zugriff unter internationaler Beteiligung im Idealszenario.

Die Serverinfrastruktur, die maßgeblich im Ausland gelegen war, sollte übernommen und vom Netz genommen werden, alle in Deutschland aufenthältigen Betreiber der Plattform sollten zeitgleich festgenommen werden. Der Deutsche in Paraguay würde vor Ort inhaftiert, seine Auslieferung bewilligt und sein Heimflug in einer Lufthansa-Maschine, begleitet von zwei deutschen Polizeibeamten, pünktlich vor Prozessbeginn in Frankfurt am Main landen. Dann würde er dort den Grenzübertritt vornehmen und wir hätten eine Zuständigkeit.

Der Scherz eines Kollegen, dass eine Flugumleitung wegen Nebels auch eine saarländische Zuständigkeit begründen könnte, war unser aller Galgenhumor.

Dieser Fall zeigt, was es mit Ermittlerinnen und Ermittlern macht, die so nahe dran sind am Erfolg: Sie arbeiten mehr, als sie müssen. Denn die Abgabe an eine der Staatsanwaltschaften, die für die übrigen Betreiber wegen ihres Wohnortes zuständig wäre, wäre jederzeit eine zulässige Möglichkeit gewesen.

Die Wochen bis April vergingen schnell und mit angehaltenem Atem. Die Kommunikation mit dem Ausland ist in Auslieferungsfragen hoch formell, geht durch viele Kanäle und gestattet nicht immer den direkten Austausch.

Der Termin des Takedowns konnte eingehalten werden, und tatsächlich ließen sich die paraguayischen Behörden darauf ein, den dortigen Zugriff zeitlich mit uns abzustimmen.

So weit, so gut.

BoysTown wurde vom Netz genommen. Und damit war das weltweit größte Kinderpornografieforum unschädlich gemacht. Drei Deutsche saßen in Deutschland, ein weiterer Deutscher in Paraguay in Untersuchungshaft. Bereits hier war das Verfahren ein riesiger Erfolg. Aber unsere Schlagzahl blieb hoch.

In Haftsachen gilt der besondere Beschleunigungsgrundsatz mit der Folge, dass Untersuchungshäftlinge freigelassen werden müssen, wenn die Strafverfolgungsbehörden zu lange untätig sind. Mit anderen Worten: Die Anklage konnte nicht bis zum Sankt-Nimmerleins-Tag darauf warten, ob unser vierter Beschuldigter rechtzeitig ausgeliefert würde oder nicht.

Die sichergestellten Datenträger wurden auf Hochtouren analysiert und ließen eine Kollegin eine bis ins Mark erschütternde Anklage schreiben. Umfangreiches Beweismaterial, das bei den drei Beschuldigten in Deutschland sichergestellt werden konnte, wurde unter großem Zeitdruck ausgewertet. Alles lief auf eine Anklage in Frankfurt am Main hinaus. Und auf die heißen Kohlen, denn wir hatten noch immer keine Zuständigkeit dafür erlangt.

Und dann kam er, der eine Tag, den mancher von uns nicht so gerne erlebt hätte.

Ich erhielt über das Bundesamt für Justiz in Bonn eine schriftliche Mitteilung der deutschen Botschaft in Paraguay. Sie leitete uns ein Schreiben des paraguayischen Justizministeriums weiter. Und darin stand geschrieben, dass man das Ersuchen auf Auslieferung erhalten habe und prüfen werde. Dass jedoch zunächst untersucht werde, ob der Beschuldigte nach paraguayischem Recht zu verfolgen und gegebenenfalls dort zu verurteilen sei. Erst wenn dies verneint werden könne oder wenn eine Strafe in Paraguay abgesessen sei, könne eine Auslieferung in Betracht kommen.

Wie lange das dauern würde? Dazu war keine Angabe in dem Schreiben enthalten.

Ein Formschreiben, das allen von uns die Gesichtszüge entgleiten ließ.

So ambitioniert zu ermitteln, so viel zu investieren an Zeit und Energie – es kann der besondere Zauber eines hochinteressanten Jobs sein. Oder eben auch die Grundlage für maßlose Enttäuschung.

Die paraguayischen Behörden prüften. Es konnte alles passieren und lag außerhalb unseres Einflussbereichs.

Es dauerte drei Tage, bis mich erneut eine Nachricht erreichte. Es war eine über den Verbindungsbeamten gesteuerte Mitteilung der zuständigen Staatsanwältin in Paraguay. Als hätte sie unsere Anspannung geahnt, ließ sie mir übermitteln, dass wir die erhaltene Antwort aus Paraguay ausdrücklich nicht als eine Tendenz werten sollten, die Auslieferung – auch nicht die baldige Auslieferung – würde abgelehnt. Wir hatten lediglich die Standardantwort erhalten, die alle bekommen, die Paraguay um Auslieferung eines eigenen Staatsangehörigen ersuchen. Es klang nicht schlecht. Aber eine Auslieferungszusage zauberte auch sie nicht aus dem Hut.

Noch immer blieb unklar, ob meine Kollegen all die Monate der harten Arbeit in einen Fall gesteckt hatten, der kurz vor Anklageerhebung an eine andere Staatsanwaltschaft abgegeben werden müsste. Der erlösende Anruf kam am 12. Mai 2021. Der Verbindungsbeamte aus Buenos Aires rief mich an: »Frau Ringwald, haben Sie es schon gehört? Die Auslieferung wurde bewilligt! Die Dokumente sind bereits auf dem Weg zu Ihnen.«

Die Übermittlerin dieser guten Nachricht sein zu dürfen, ist eine meiner eindrücklichsten Erinnerungen an diesen Fall, bei dem ich nur assistieren durfte. Der Plan war aufgegangen.

Und dann ging alles Schlag auf Schlag. Die Auslieferung eines deutschen Staatsbürgers ist ein logistisches Großprojekt. Auch die Durchreise durch ein weiteres Land, in diesem Fall Spanien, in dem die Maschine zwischenlanden würde, bedarf der besonderen Durchreisegenehmigung durch die dortigen Behörden.

Aber nun stand alles unter einem guten Stern. Der Beschuldigte, den wir brauchten, um den Fall in Hessen verhandeln zu können, wurde in Paraguay an zwei deutsche Beamte übergeben und trat mit ihnen an seiner Seite die Flugreise in sein Heimatland an.

Am 4. Juni 2022 setzte der vierte Betreiber von BoysTown nach mehr als einem Jahrzehnt und einigen Wochen der Untersuchungshaft in Paraguay erstmals wieder einen Fuß auf deutschen Boden.

Auf dem Rollfeld des Flughafens in Frankfurt am Main.

Die Karte, auf die wir alles gesetzt hatten. § 9 der deutschen Strafprozessordnung: Der Gerichtsstand des Ergreifungsortes lag nun in Hessen.

Am 6. Dezember 2022 verurteilte das Landgericht Frankfurt die vier Betreiber von BoysTown zu langjährigen Haftstrafen zwischen sieben und zwölf Jahren. Bei zweien von ihnen ordnete es zudem Sicherungsverwahrung an. Sie ist die schärfste und einschneidendste Sanktion im deutschen Strafrecht. Durch eine Sicherungsverwahrung soll die Bevölkerung vor gefährlichen Straftätern geschützt werden: Die Täter bleiben auch nach der Verbüßung der Haftstrafe vorerst hinter Gittern.

BoysTown zeigt, dass die Prinzipien der örtlichen Zuständigkeit groteske Ausmaße annehmen können, wenngleich Schaden nicht zu vermuten gewesen wäre. Es hätte eine der Staatsanwaltschaften an den Wohnorten der übrigen Beschuldigten den Fall übernehmen und ihn zur Anklage bringen können. Aber einen Fall kennt in seinen Verästelungen und seinem Hergang niemand so gut wie die ersternittelnde Staatsanwältin und ihr Ermittlerteam.

BoysTown wurde in Frankfurt verhandelt und ein weiterer Ermittlungserfolg, weil Menschen Risiken in Kauf nahmen, nicht den Weg des geringsten Widerstands gingen und sich nicht davon abbringen ließen, an ein Idealszenario zu glauben. Weil sie das berühmte Kamel durch das Nadelöhr führten. Und das auch noch rechtzeitig.

Wer hätte gedacht, dass es so etwas noch gibt?

KAPITEL 13

THE WINNER TAKES IT ALL

WIR HISSEN SIE NOCH IMMER, die virtuelle Flagge des Siegers, wenn wir einen Marktplatz schließen. Als stille Trophäe der Strafverfolgung im Cyberraum. Denn im Gerichtssaal findet man Cyberstaatsanwälte und ihre Ermittler nicht mehr so oft. Und nicht selten können wir die Täter persönlich gar nicht mehr ermitteln. Auch wenn wir ihre Datenfährten aufspüren. Das virtuelle Versteckspiel beherrschen die Crimecoder aufs Allerbeste. Wenn dann Ermittler und Coder sich im Gerichtssaal gegenüberstehen, herrscht durchaus Wertschätzung. Hier treffen die besten Profis der Szene aufeinander. Viele der Täter wären viel besser aufgehoben in der Transformation von Wirtschaft und Gesellschaft.

»Sind Sie eigentlich noch oft im Gerichtssaal?«

Es ist die mir mit am häufigsten gestellte Frage. Wie arbeitet eine Cyberstaatsanwältin? Welche Auswirkungen hat es, wenn der Tatort im Internet ist? Eine Staatsanwältin stellt man sich in Robe vor. Sie verliest die Anklage, befragt, plädiert. Jedes Mal, wenn ich einen Referendar oder eine Referendarin zu Ausbildungszwecken zugeteilt bekam, konnte ich mir aufs Neue ein Bild davon machen, wie wenig selbstverständlich diese Aufgaben sind.

So hartgesotten der Nachwuchs auch sein mag. Errungene Spitzenergebnisse im Ersten Staatsexamen helfen einem nicht weiter, wenn man auf die freie Wildbahn geschickt wird. »Sitzungsvertretung« nennen wir bescheiden, was für den Zuschauer das Kernstück der staatsanwaltlichen Tätigkeit darstellt: den Auftritt vor Gericht, um die Staatsanwaltschaft und damit die Anklage zu vertreten.

Die Aufregung ist berechtigt, denn sobald die Sitzung eröffnet wird, vertritt man den Staat, die objektivste Behörde der Welt: das Gesetz. Das Uhrwerk der Strafprozessordnung ist keine Raketenwissenschaft, aber ihre Eventualitäten und Spielarten präsentieren sich in der Hemdsärmeligkeit der Realität gerne nassforsch und spontan. Nicht eingeplante Anträge der Verteidigung, die die Stellungnahme der Staatsanwaltschaft erfordern, fürchtete ich als junge Staatsanwältin ebenso wie den unerwarteten Prozessverlauf, der mich vor ein tatsächliches oder rechtliches Problem stellen könnte, das alle anderen im Gerichtssaal kaltlässt, während meine eigene Betriebstemperatur ansteigt.

Es genügt schon, wenn die Hauptzeugin etwas ganz anderes aussagt, als sie es bei der Polizei getan hat. Die Angst vor einem Fehler, das Risiko einer völlig deplatzierten Strafforderung im Plädoyer oder das Wagnis, einen Freispruch zu beantragen, um dann in den Urteilsgründen belehrt zu werden, dass man etwas Wesentliches übersehen hat, sie alle bilden den unvorhersehbaren Spannungsbogen einer Gerichtsverhandlung ab, die man in der Universitätsbibliothek einfach nicht üben kann.

Improvisationstheater nach bekannten Regeln könnte man den Strafprozess auch nennen, der auch das Gericht verpflichtet, unmittelbar nach einer Verhandlung ein Urteil zu sprechen. Selbst, wenn die eigene Ernennung zum Proberichter erst wenige Wochen zurückliegt.

Die Antwort auf die Frage, ob ich noch im Gerichtssaal anzutreffen bin, lautet: Ja, aber selten. Bei Gericht treffen sich alle, wenn der Täter auch kommt. Und dafür müssen wir seiner zunächst habhaft geworden sein oder ihn zumindest laden können.

Die kriminelle Welt beschäftigt sich selten mit Zuständigkeiten. Wenn jemand dazu ansetzt, einen Menschen zu betrügen, ist die Frage, ob das Ganze in Süd- oder Norddeutschland geschieht, nicht unbedingt entscheidend für den Täter. Nahezu vollkommen irrelevant ist sie für die Täter im Cyberraum. Was man braucht, um Cybercrime zu begehen, steht fast überall auf der Welt herum: Rechnerkapazität und Datenleitungen. Relevant ist, wo hohe Datenleistung und ein guter Datenschutz – auf welche Weise auch immer – gewährleistet sind.

Cybercrime zu begehen, sieht genauso aus, wie Cybercrime zu bekämpfen. Die Täter sitzen in gleicher Weise an der Tastatur wie die IT-Forensiker. Sie streifen sich ebenso wenig immer einen Kapuzenpullover über, wie die Cyberermittler eine Uniform tragen. Sie brauchen kein Tatmesser und die Cyberpolizei kein Tatortabsperrband.

Bildlich gesprochen stehen einander Akteure gegenüber, die auch einfach die Rollen tauschen könnten. Ohne dass es ihnen wirklich anzusehen wäre.

Das Spiel von Räuber und Gendarm unterteilt seit Menschengedenken nicht nur in Gut und Böse, sondern auch in Täter- und Ermittlerstereotypen. Aber wenn sich niemand mehr bewegen muss, um Straftaten zu begehen oder sie zu bekämpfen, lässt das ehemals gut befestigte Grenzsteine im Boden versinken.

Wenn es uns gelingt, einen Darknet-Marktplatz vom Netz zu nehmen, tun wir etwas, das bereits die Römer taten und selbst bei der Mondlandung nicht fehlen durfte: Wir hissen die Flagge.

Am 15. März 2023 nahmen die ZIT und das Bundeskriminalamt den weltweit größten im Darknet aktiven Kryptowährungs-Mixing-Dienst ChipMixer vom Netz. Milliardensummen wurden dort gewaschen. In Bitcoin. Wer danach noch die Plattform aufrief, um die eigenen Kryptowährungsbestände zu mixen und damit ihre Herkunft zu verschleiern, wurde enttäuscht. Zu sehen war eine Startseite, die darüber informierte, dass die Plattform und der kriminelle Inhalt beschlagnahmt wurden – und die zwei Hände in Gummihandschuhen abbildete, die das ChipMixer-Logo gründlich sauber machten. Mit Meister Proper bei den Geldwäschern? Wir schlagen sie mit ihren eigenen Mitteln.

Wir nennen es »Seizure Banner«: die Gestaltung der Startseite einer Domain, die ehemals von Kriminellen betrieben und dann von den Strafverfolgungsbehörden im Kampf um die Deutungshoheit im Netz übernommen wurde. Es steht für harte Arbeit, für schlauer und witziger sein als die anderen. Es steht für einen Etappensieg im Spiel von Räuber und Gendarm *reloaded*.

Die Begrifflichkeit »Seizure Banner« zeigt, was gemeint ist: das Hissen der Fahne des Siegers. Und das Vondannenziehen des Unterlegenen. Entweder gehört der Marktplatz denen oder uns.

Eine weitere Gelegenheit zu behördlichem Schabernack bot sich im März 2024. Auf der neuen Startseite von Nemesis Market, einem kleinen Drogenriesen im Darknet, dem Bundeskriminalamt und ZIT das Licht ausgeknipst haben, beschießt ein animiertes Raumschiff im Stil des Neunzigerjahre-Videospiels Nemesis mit Gameboy-Laser das Logo, das daraufhin in Neunzigerjahre-Pixeloptik explodiert.

Das Seizure Banner ist digitale Spielfreude mit einer alten Metapher. Dabei geht es nicht nur um das Spiel mit der Macht. Sondern auch um das Spiel mit dem Medium.

Man kann Daten nicht anfassen. Immer wieder werden für Cybercrime-Reportagen gute Hintergründe gesucht. Die es aber einfach nicht gibt. Vor Serverregalen abgebildete Staatsanwälte dürfen den Raum, in dem sie da vor der Kamera stehen, normalerweise gar nicht betreten.

In meiner Arbeitswelt können wir mit Hinweisschildern für Tatorte nichts anfangen. Keiner entrollt rot-weiß gestreifte Absperrbänder. Keiner winkt interessierte Passanten weiter und nimmt in Ganzkörper-Wegwerf-Overalls mit Einmalhandschuhen die notwendige Tatortarbeit vor.

Wenn die Infrastruktur für kriminelle Taten im Cyberraum sichergestellt werden kann, genügt es dem Grunde nach, dies im Stillen geschehen zu lassen. Denn dem Cyberraum fehlt nicht nur die Haptik. Es fehlt ihm auch der Ton.

Das Seizure Banner ist also mehr als das Hinweisschild, dass Polizei und Staatsanwaltschaft vorbeigeschaut haben. Es ist die stille Trophäe der Strafverfolgung im Cyberraum.

Die Häme mit der Hybris solcher Marktplätze, die sich selbstbewusst über ihre Logos präsentieren, ist Sinnbild einer neuen Art der Strafverfolgung. Weit abseits eines Gerichtssaals.

Als im April 2022 Hydra Market als damals weltweit größter Darknet-Marktplatz vom Netz genommen wurde, sah man auf der ehemaligen Startseite des Marktplatzes die dreiköpfige Hydra in Handschellen gelegt. Schon im Jahr 2017 ging auf dem Seizure Banner das Logo-Schiff von Hansa Market, einem der sehr erfolgreichen Vorgänger von Hydra Market, im Ozean unter. Treffer, versenkt.

Und Wall Street Market? Den ehemaligen Drogenriesen im Darknet mit Amazon-gleicher Oberfläche zierte ein schlichtes Seizure Banner, das nur über die Sicherstellung der Plattform informierte. Die Täter hatten unsere Pläne durchkreuzt, begannen mitten in der Ostereiersuche 2019, mit der Beute zu verschwinden. Es war keine Zeit für das Spiel mit dem Selbstverständnis der Täter. Sonst hätten wir vielleicht noch den Börsencrash draufgemalt. Aber nun wird ja immerhin beim weltweit größten Geldwäschedienst ChipMixer gründlich durchgewischt.

Die digitale Siegesfahne übermittelt nicht nur, wer die Schaltzentrale übernommen hat. Sie lenkt die Aufmerksamkeit auf die Plattform und nicht auf die Täter. Phantombilder der Administratoren findet man auf ihnen nicht. Das Seizure Banner ersetzt keine echten Handschellen.

Unsere Ermittlungserfolge werden stellenweise begleitet durch den Zusatz: »Tatverdächtige konnten nicht festgenommen werden.« Es klingt beinah wie ein Tadel.

Haben wir unsere Hausaufgaben nicht ordentlich gemacht? Nicht gründlich genug nachgesehen? Geht es nur noch um Bitcoin-Millionen und Festplatten?

Als ich vor Jahren von einer Wirtschaftsstaatsanwältin zu einer Cyberstaatsanwältin wurde, war das eine bewusste Entscheidung dafür, meine Robe häufiger im Schrank hängen zu lassen. Ermittlungsrichterinnen und -richter kennen uns und unsere Anträge auf strafprozessuale Maßnahmen gut. Die zwar im Gesetz stehen, aber sich doch so anders präsentieren als bei Ermittlungen zu einem Gewaltverbrechen oder anlässlich einer Steuerhinterziehung. Bei den Gerichten der Hauptsache sieht das schon anders aus: die sehen uns viel seltener.

Die Täter, deren Werk Gegenstand meiner Arbeit ist, sind Meister des Versteckspiels. Ein Großteil ihrer Energie geht darauf, nicht entdeckt zu werden und sich in Ländern aufzuhalten, die es uns schwer machen, sie zu finden. Selbst, wenn wir wissen, wer sie sind. Sie mit ihren eigenen Mitteln zu schlagen, ist das Turnen am Hochreck. Es gelingt immer wieder, so zum Beispiel bei Hansa Market und Wall Street Market. Alle Betreiber dieser Darknet-Marktplätze, auf denen Drogen aller Art gehandelt wurden, konnten identifiziert und persönlich zur Verantwortung gezogen werden, sie lebten in Deutschland. Aber bei Hydra Market und ChipMixer, bei Übernahme der Infrastruktur des Malware-Schwergewichts Emotet: Fehlanzeige. Keiner festgenommen.

Und trotzdem sind all das bahnbrechende Ermittlungserfolge.

Das Spiel mit den Gendarmen und den Räubern hat sich dramatisch gewandelt. Weiterhin steht die Tat des Täters im Vordergrund, die Strafprozessordnung zeigt sich unbeeindruckt. Es ist noch immer unsere Aufgabe, Straftäter zur Verantwortung zu ziehen. Aber wir müssen erkennen, womit wir es zu tun haben, wie Strafverfolgung einen spürbaren Unterschied machen kann. Und das kann sie, wenn sie Sand im Getriebe der Täter ist. Es den Tätern mit ihrer Infrastruktur schwer macht, das Verlorene an anderer Stelle wieder hochzufahren. Und ihnen ihr Geld wegnimmt, was schon immer am meisten wehtat.

Erfolgreich im Cyberraum zu ermitteln, bedeutet, zu erkennen, dass Etappensiege große Erfolge sind. Es bedeutet, sich auf Sicht und Augenhöhe im Phänomenbereich zu bewegen.

Und es bedeutet, die Menschen immer wieder zu enttäuschen: kein Täter gefasst. Oft nicht einmal Festplatten und Bargeld. Sondern nur Daten und digitale Werteinheiten: Kryptowährungen. Auch sie sind bloß Daten.

Bei einer Cyberkonferenz hörte ich einen Diskussionsteilnehmer hierüber sprechen und dafür plädieren, dass der Fokus nicht allein auf den Tätern und ihrer Festnahme liegen darf. Er sagte: »Wir müssen ihnen den Rasen zertrampeln.«

Was für ein Bild: Den Grand Slam gewinnen und dabei den Wimbledon-Rasen zerstören. Wo man nichts anfassen kann, helfen nur Bilder. Um zu erklären, was wir tun. Um die Ermittler zu motivieren und um ein Zeichen zu setzen.

Cyberkriminelle und ihre Jäger würden einander nicht auf der Straße erkennen. Was Schadsoftware kann, ist so beeindruckend, wie es manche Polizeitechnik ist.

Als die Betreiber von Wall Street Market einen Sommer lang im Landgericht Frankfurt verbrachten, das sie nach zehn Hauptverhandlungsterminen zu Haftstrafen zwischen fünf und sieben Jahren verurteilte, konnte sich die Öffentlichkeit ein Bild davon machen, wie fachlich nahe die Kriminellen und die Ermittler einander sind.

Der Marktplatz war vom jüngsten der drei Angeklagten programmiert worden und bot seinen Kunden alle Funktionalitäten eines verlässlichen Einkaufserlebnisses. »Der ist richtig gut gecoded«, lautete die technische Anerkennung, die die Ermittler ihm zollten. Sie galt einem einzigen der drei jungen Männer, der zu Beginn seiner Taten noch keine 21 Jahre alt war. Dem, der sich den Nutzernamen »Coder« gab.

Warum er sich bei solchen technischen Fähigkeiten nicht für eine legale Tätigkeit entschied, diese Frage konnte er in der Hauptverhandlung auch nicht beantworten. Nicht einmal sich selbst, wie es schien.

Er berichtete von einem Schlüsselmoment in seinem Leben. Als er 16 Jahre alt war, war er selbst Opfer eines Ebay-Betrugs geworden. Um zu verstehen, wie ihm das passieren konnte, suchte er Darknet-Foren auf, auf denen Nutzer die Masche erklärten. Aber nicht nur das. Er lernte, wie man seine Identität verschleiert und vieles mehr.

»Ich habe mir alles autodidaktisch beigebracht«, sagte er.

Die Underground Economy braucht gute Programmierer. Und er war einer.

So wurde der Betrogene selbst zum Täter.

Der Coder machte kein Geheimnis aus seinen Selbstzweifeln, die ihn antrieben, auf diese Weise etwas zu bauen, das die Underground Economy beeindruckt. Oder eben die Polizei. In der Welt der organisierten Drogenkriminalität hätte ihn vermutlich keiner ernst genommen. Oder überhaupt mitmachen lassen. Aber im Darknet war er eine unbekannte Größe.

Während des Prozesses, in dem er, wie auch seine beiden Mitangeklagten, stets pünktlich, höflich und kooperativ auftrat, stellte ich mir häufig die Frage, ob es schlicht sein mangelndes Selbstbewusstsein gewesen sein konnte, ihn glauben zu lassen, er könne es nur im Illegalen zu einer Bedeutung bringen. Es ist nicht die Selbstüberschätzung, die den Weg in die Kriminalität ebnet. Es ist oft der profunde Selbstzweifel.

Der Cyberanalyst des Bundeskriminalamtes, der den Prozess als Sachverständiger begleitete und dem die Aufgabe zukam, das Gericht, die Prozessbeteiligten und nicht zuletzt die Öffentlichkeit in die Lage zu versetzen, in den Maschinenraum eines Marktplatzes zu schauen, den keiner mit Füßen betreten kann, kannte die Datenbank von Wall Street Market wie seine eigene Westentasche. Sie trug den Dateinamen »tulpenland«, weil sie in Holland gehostet gewesen war, bevor sie in den Cyberbunker umzog, einen ehemaligen Militärbunker in Traben-Trarbach, in dem sich unterirdisch Server-Rackets stapelten.

Der Informatiker, der seine Fähigkeiten der Strafverfolgung zur Verfügung stellt, visualisierte den Marktplatz, um das Gericht zu befähigen, sich wie ein Administrator aufzuführen. Er ermöglichte die Flugsimulation für unbescholtene Darknet-Touristen.

Um das Gericht verstehen zu lassen, wie die Marktplatzbetreiber einen Drogenverkäufer freischalten konnten, warf er das Admin-Control-Panel an die Wand: das virtuelle Cockpit der Darknet-Piloten.

Wie die Drogenhändler den mit vielen Vorteilen ausgestalteten Vertrauensstatus erlangten? Dafür lösten die Kandidaten ein Support-

Ticket, um sich direkt an die Marktplatzverwaltung zu wenden. Alles ein paar Klicks, man muss nur wissen, wie.

Der Coder von Wall Street Market ließ sich noch einmal von einem Cyberanalysten des Bundeskriminalamtes seinen eigenen Marktplatz vorführen. Und hatte fast nichts auszusetzen.

Die Konsistenz einer Datenbank ist überlebenswichtig bei der Beweisführung vor Gericht. Die Datenbank muss Sinn ergeben und in ihrer Funktionalität stimmig sein, sonst taugt sie nicht als Beweismittel. Der Cyberanalyst hatte nur für vereinzelte Funktionalitäten keine Erklärung und konnte zu ihnen nur einen einzigen Menschen befragen: den Angeklagten, der sie gebaut hatte. Den Coder.

Wie im Leistungskurs Informatik eines ambitionierten Gymnasiums saßen die beiden einander gegenüber. Der Cyberanalyst des Bundeskriminalamtes stellte Fragen, die der Erschaffer des Marktplatzes beantwortete. Diese Menschen möchten den Code, die Statik einer Plattform, komplett verstehen. Zu diesem Zeitpunkt hatte der Coder seinen Marktplatz mehr als zwei Jahre nicht mehr aus der Nähe gesehen. Und konnte sich dennoch an nahezu alles erinnern. Auf die Frage seines Tagesablaufs sagte er: »Ich habe mich in die virtuelle Maschine eingeloggt, meine To-do-Liste abgearbeitet, und dann habe ich in diesem Code gelebt.« Programmieren, so erzählte er uns immer wieder, war seine große Leidenschaft.

Dieser Mann, wie auch die beiden Mitangeklagten, hatten alle Voraussetzungen für ein legales Leben. Sie hätten ein IT-Nerd, ein Vertriebsangestellter und ein zurückhaltender Systembetreuer oder vieles andere werden können, doch sie entschieden anders und haben dafür hohe Strafen kassiert. Mit der »Schweinehund«-Theorie kommt man da nicht weiter.

Neben allen von ihnen hätte ich im Zug Platz genommen, allen hätte ich im Café meinen gesperrten Computer anvertraut, um für ein paar Minuten zu verschwinden.

Sie glaubten, sie hätten sich gut genug im Netz versteckt, um nicht entdeckt zu werden. Als derjenige unter den dreien, der sich »Kronos« nannte, erzählte, wie er kurz vor den anderen ausstieg, wurde auf einmal der Fluch der Daten fassbar: »Ich war nie glücklich mit Wall Street Market.« Keiner im Gerichtssaal hielt das für eine Schutzbehauptung. Aus Angst, entdeckt zu werden, verschwand er im März 2019 für die anderen beiden im Netz, riss alle Festplatten auseinander, zerbrach sie und verteilte ihre Einzelteile auf Frankfurter Mülleimer. Es half ihm nicht. Die Spuren hatten schon vorher zu ihm geführt. Datenspuren vollkommen verschwinden zu lassen, gelingt nicht einmal den Profis.

Der Coder und der Cyberanalyst erklärten dem Gericht wie auch der Öffentlichkeit den Fall Wall Street Market. Sie begegneten einander fachlich, respektvoll und auf Augenhöhe. Beide könnten in der Industrie viel Geld verdienen mit dem, was sie können.

So war Wall Street Market doch ein Fall für das Gericht. Ich konnte meine Robe aus dem Schrank holen, verlas meine Anklageschrift, bezog Stellung zu den Anträgen der Verteidiger und hielt nach drei Prozessmonaten das längste Plädoyer meiner Laufbahn. Ich forderte Haftstrafen für drei junge Männer, die die Voraussetzungen mitbrachten, auf meiner Seite zu stehen.

Doch erst als sich das Gericht erhob, um das Urteil zu sprechen, war es wieder ein normaler Prozess. Einer, wie wir ihn in der Cyberwelt nur selten erleben. Mit schwarzen Roben in einem wandvertäfelten Gerichtssaal.

KAPITEL 14

IMMER ZU SPÄT DRAN ODER DAS DILEMMA DER STAATSANWÄLTE

WIR TRETEN ERST IN AKTION, wenn das Kind schon in den Brunnen gefallen ist. Wir können zwar nicht mitgestalten, wenn es um Prävention, Werte- und Sozialarbeit geht. Wir sind auch nicht konstruktiv im Transformationsgeschäft in Wirtschaft und Gesellschaft. Aber wir sind die Aufräumer für Abräumer im Darknet. Cyberstaatsanwälte sind Pioniere des technologischen Wandels, die kriminelle Businessmodelle auf Basis kreativer Geldgier verfolgen und austrocknen. Denn der Spur des Geldes folgen wir noch immer. Und sammeln dabei Kryptomillionen ein.

»Was Sie sehen, ist doch erschütternd. Verlieren Sie nicht den Glauben an die Menschheit, Frau Ringwald?«

Die junge Journalistin war dabei, ihre Sachen zusammenzuräumen. Ich sammelte schon einmal unsere beiden Kaffeetassen ein. Um Kryptowährungen war es gegangen. Über eine Stunde hatte ich von meinen Anfängen als Cyberstaatsanwältin erzählt, von den ersten tapsigen Gehversuchen der Justiz in der Blockchain-Welt bis hin zu den vielen inkriminierten Bitcoin-Millionen, die wir schon sicherstellen konnten. Weswegen die Erwartung besteht, wir würden einfach immer so weitermachen.

Als die ersten Bitcoins in Ermittlungsverfahren auftauchten, machten sie die Justiz an einem sensiblen, an einem zwingenden Punkt digital: bei der Vermögensabschöpfung. Ob sie wollte oder nicht. Justitia muss auch dieses Geld einsammeln.

Das Aufnahmegerät lag während des Gesprächs still zwischen der Journalistin und mir und machte es möglich, dass meine Zuhörerin nicht mitschreiben musste. Eine Oberstaatsanwältin bekommt immer eingeräumt, spätere Zitate noch einmal gegenzulesen. Ich konnte frei und offen sprechen. Die Frage mit der Menschheit stellte sie mir erst nach der Aufnahme. Auch ihren Weg in den späteren Artikel fand sie nicht.

Der Spur des Geldes zu folgen, ist so alt wie die Strafverfolgung selbst. Und das aus Gründen, die unterschiedliche Ziele verfolgen.

Das Gesetz verpflichtet die Strafverfolger, Straftätern alles wegzunehmen, was sie durch ihre Taten erlangt haben. Das nennen wir Vermögensabschöpfung. Wenn wir Opfern ihr Geld wieder zurückgeben können, wird sie zur Rückgewinnungshilfe.

Das ist der eine Grund.

Finanzströme nachzuvollziehen, ermöglicht es zudem, sich den Tätern an das hintere Nummernschild zu heften. Das sie natürlich tauschen und mit dem sie über mehrere Staatsgrenzen fahren können. Aber es ist immer von Interesse für die Täter, wo sich ihr Geld befindet. Daher dürfen die sogenannten Finanzermittlungen nicht bei Straftaten fehlen, die sich gar nicht im Kern um Geld drehen. Denn sie sollen eine Spur zum Täter ebnen. Genauso wie Funkzellendaten, Zeugenhinweise oder Aufnahmen von Überwachungskameras.

»Alle müssen kommunizieren, alle brauchen Geld« – so auf den Punkt gebracht durfte ich mir das als junge Staatsanwältin von einem erfahrenen Kollegen anhören, der sich von seinen Aktenstapeln im Büro nicht aus der Ruhe bringen ließ und dank dieses Mantras schon unzählige Male erfolgreich zu Gericht gezogen war.

Nur hat sich seit 2010, als ich in den Staatsdienst eintrat, geändert, was wir unter Geld verstehen. Genauer gesagt: Es hat sich revolutioniert.

Die junge Journalistin war wohlinformiert und wollte ihr gewonnenes Wissen, das frei im Netz abrufbar ist und über das Firmen, die das Nachvollziehen von Transaktionen mit Kryptowährungen zu ihrem Geschäft gemacht haben, gerne und bereitwillig Auskunft geben, an den Stellen ergänzen, die nicht frei zugänglich sind.

Wie kommen Staatsanwälte auf die Kryptospur? Wer hilft ihnen dabei? Und was machen sie damit?

Alle diese Fragen bekam sie von mir beantwortet, soweit ich darüber in der Öffentlichkeit sprechen kann. Um mich nach dem Gespräch zu fragen, was sie menschlich bewegte.

Die Spur des Geldes, ob Fiat oder Krypto, führt nicht nur zu den Tätern. Sie führt auch zu ihren Taten.

Als ich Staatsanwältin wurde, hat mich keiner gefragt, wie es um meinen Gefühlshaushalt bestellt war. Ob ich mich für abgebrüht genug halte, mit Sachverhalten umzugehen, die vom untauglichen Versuch einer Urkundenfälschung bis hin zum brutalen Gewaltverbrechen reichen können.

Beim Eintritt in den höheren Justizdienst unterschreibt man keinen Arbeitsvertrag. Man wird in das Amt gehoben. In meinem Fall vollzog dies ein Finanzrichter, der zu Beförderungszwecken an das Justizministerium abgeordnet war. Und der mir erfreut, aber auch bedeutsam näherbrachte, dass ich nun viel Verantwortung tragen würde. Kein Thema war eine mögliche seelische Belastung, die mich erwarten könnte.

Bevor ich meinen Dienst bei der Staatsanwaltschaft antrat, telefonierte ich mit ihrem Behördenleiter, dem Leitenden Oberstaatsanwalt. Er fragte mich nach meinen Interessenschwerpunkten, und ich war kurz überrascht, ob ich mir tatsächlich aussuchen könnte, in welchem Bereich ich tätig sein sollte. Mir fehlte damals das Selbstbewusstsein und ich bat ihn nur um eines: bitte keine Kinderpornografie. Er versprach es mir und hielt sein Wort. Ich bekam ein allgemeines Dezernat. In dem ich das Handwerkszeug vom Antrag auf Anordnung einer Hausdurchsuchung über den nächtlichen Bereitschaftsdienst bis hin zur Fertigung einer Anklageschrift lernte.

Wenn Menschen den Begriff »Darknet« hören, denken sie an besonders dunkle Straftaten. Und auch von denen zeugt das Darknet.

Ich selbst habe mich bis heute an das, worum ich meinen ersten Chef bat, gehalten. Nach dem Gemischtwarenladen, mit dem ich in mein Berufsleben gestartet war, galt mein Interesse zunächst der Wirtschafts- und dann der Internetkriminalität. Die beiden haben tatsächlich einiges gemeinsam: eine besondere Gegnerschaft. Im Bereich des Wirtschaftsstrafrechts kommt es durchaus vor, dass Angeklagte ebenso gut ausgebildet sind wie die verfahrensleitende Staatsanwältin. Die Spitzfindigkeit der Steuerfahndung sieht sich oft einem Äquivalent auf der Gegenseite gegenüber. Das fordert heraus.

Cybercrime richtig erfolgreich betreiben zu können, erfordert ebenfalls Know-how. Sie müssen den Tätern technisch nichts erklären.

Aber es ist nicht nur die Fachlichkeit, die diese Bereiche vergleichbar macht und in beiden Welten würdige Gegnerschaften hervorbringt. »White Collar« und Cybercrime haben auch gemeinsam, dass es dem Grunde nach ums Geld geht. Taten haben immer einen Ursprung, und der kann so grotesk wie tragisch sein. Aber die Täter haben meist pekuniäre Beweggründe, gehen analytisch und ergebnisorientiert vor. Und sie kommen ihren Opfern niemals physisch nahe.

Ein gutes Beispiel dafür ist das »Numbers' Game«. Wenn Täter eine Schadsoftware entrollen, rechnen sie damit, dass sie im Einzelfall entweder nicht gut genug für das Opfer oder das Opfer sich selbst gut genug für eine ausreichende Cybersicherheit ist. Kurz: Sie skalieren, dass ihre Schadsoftware-Welle nur bei einem gewissen Prozentsatz der Angegriffenen Erfolg haben wird. Und sie überlegen, ab wann es sich für sie lohnt.

Es geht um Zahlen und Daten. Cybercrime ist in den meisten Fällen ein Businessmodell. Es gibt davon gute und weniger gute. Wie im legalen Wirtschaftsleben wird sich in der Underground Economy auch verkalkuliert, es werden rote Zahlen geschrieben, Geschäftsbeziehungen beendet oder erfolgreiche Franchise-Strukturen aufgebaut, die ein paar Jahre bestehen.

Eine Cyberermittlerin muss keine schmutzige Wäsche durchwühlen, eher selten in erschütternden Wohnzuständen nach Beweismitteln suchen oder sich Details in Zeugenvernehmungen anhören, bei denen jeder am liebsten weghören würde.

Es ist ebenso menschlich wie emotional verkraftbar, dass der schnelle Weg zum Geld über illegale Wege führt. Das macht den Schaden für die Opfer nicht geringer. Und wenn ein Krankenhaus seine Notaufnahme schließen muss, weil es sich einem Cyberangriff ausgesetzt sieht, wie es 2020 in Düsseldorf geschehen ist, dann ist der Schaden ganz sicher nicht nur pekuniärer Natur. Aber die Ermittlungen sind emotional gut zu schultern.

Ganz anders sieht es aus in Bereichen, die zu all den kriminellen Machenschaften im Netz gehören, aber nicht Cybercrime im engeren Sinne darstellen.

Warum diese spitzfindige Unterscheidung?

Cyberermittler machen einen Unterschied zwischen dem, was es schon immer gab und sich lediglich digitalisierte, und dem, was ohne das Internet undenkbar wäre.

Vor der Erfindung des Computers konnte keiner hacken. Aber Waffen und Drogen wurden damals schon gehandelt. »Tatmittel Internet« ist ein Unterscheidungskriterium, ob bei uns die Hightechlampen angehen sollten oder ob Ermittler sich einfach in äquivalenter Weise modernisieren müssen, wie es die Täterschaft tat.

Wenn sich Gewaltverbrechen oder das Geschäft mit Missbrauch und Gewalt schlicht neue Vertriebswege suchen, dann stehen die Ermittler genau da, wo sie auch schon vor 40 Jahren standen: vor Beweismitteln, die die Grenzen der eigenen Ertragbarkeit sprengen können.

Mein Respekt gilt den Kolleginnen und Kollegen bei Polizei und Staatsanwaltschaft, die sich täglich ansehen müssen, was im Netz mit den jüngsten und schützenswertesten Menschen unserer Gesellschaft geschieht. Es ist im Grunde unerträglich.

Obwohl mir überall nur unermüdliche Tapferkeit entgegenschlägt, wenn ich wegen Fragen der Auslieferung, Kryptoermittlungen oder technischer Ermittlungsansätze zeitweise Ermittlungen wegen des Verdachts der Verbreitung von Kinderpornografie unterstütze, vermute ich einen seelischen Schaden bei denen, die sich dem jeden Tag aussetzen, um die Täter zu finden.

Daher ist sie so berechtigt. Die Frage, ob wir nicht den Glauben an die Menschheit verlieren. Es erscheint so naheliegend, einer Staatsanwältin diese Frage zu stellen. Und doch ist meine Antwort hierauf ein klares Nein.

Staatsanwälte haben keinen Anlass, den Glauben an die Menschheit zu verlieren. Jedenfalls nicht wegen dem, was sie in ihrem Job zu sehen bekommen. Im Jahr 2022 wurden laut Statistischem Bundesamt 647 374 Personen von deutschen Gerichten rechtskräftig verurteilt. Knapp ein Viertel aller Verurteilungen geht auf Verkehrsdelikte zurück. Wo Ordnungswidrigkeiten und Straftaten, wo Augenmaß und fatale Fehleinschätzung oft nahe beieinander liegen.

Zum Jahresende 2022 lebten in der Bundesrepublik Deutschland ungefähr 84,4 Millionen Menschen, davon 10,9 Millionen Kinder unter 14 Jahren. Vor dem 14. Geburtstag ist man nicht strafmündig.

647 374 verurteilte Personen sind weniger als 0,9 Prozent desjenigen Teils der deutschen Bevölkerung, der altersbezogen überhaupt imstande ist, eine verfolgbare Straftat zu begehen.

Wenn ein Staatsanwalt wegen seiner Arbeit den Glauben an die Menschheit verliert, dann deswegen, weil er übersieht, dass er durch ein Bullauge auf den Ozean schaut. Wir bekommen einen verschwindend geringen Ausschnitt der Bevölkerung zu sehen. Und hinzu kommt: Nur ein Fünftel dessen, womit sich eine Staatsanwältin in Deutschland jeden Tag befassen muss, wird sie vor Gericht bringen.

Wie in den Vorjahren wurden die meisten Ermittlungsverfahren im Jahr 2022 eingestellt. Es kam nicht zur Anklage oder zur Beantragung eines Strafbefehls. So machten Einstellungen mit einer Geld- oder einer anderen Auflage 3,1 Prozent aus, Einstellungen ohne Auflage 24,2 Prozent. Mangels Tatverdacht wurden 30,7 Prozent der Verfahren eingestellt. Einstellungen wegen Schuldunfähigkeit fielen mit 0,3 Prozent nicht sehr ins Gewicht.

Etwas weniger als 60 Prozent und damit deutlich mehr als die Hälfte aller Ermittlungsverfahren, die bei Staatsanwaltschaften geführt werden, werden eingestellt.

Die Zahlen belegen eines: Man kann die Anklagebehörde getrost eine Einstellungsbehörde nennen. Denn auch wenn knapp ein Fünftel der Verfahren mit einer Anklage, einem Strafbefehlsantrag oder einem Antrag auf ein besonderes Verfahren vor Gericht gingen, endete rund ein Viertel auf andere Art, zum Beispiel mit der Abgabe an eine andere Staatsanwaltschaft, die ihrerseits über die Einstellung und Anklage zu entscheiden hat.

Weniger als ein Fünftel der Ermittlungsverfahren schaffen es vor Gericht. Staatsanwältinnen und Staatsanwälte sehen vieles, aber sie schließen auch viele Aktendeckel, weil eine Anklage nicht angezeigt ist.

Die Zahlen sprechen eine klare Sprache: Ein negatives Menschenbild lässt sich aus der Tätigkeit einer Staatsanwältin nicht bilden. Sie hat eher mit den Ausnahmen zu tun.

Hinzu kommt – Täter haben immer Motive für ihre Taten, und die sind in ausnahmslos allen Fällen menschlicher Natur. Da der Zweck nicht die Mittel heiligt, werden Straftäter zu Recht verfolgt und verurteilt.

Aber das, was sie mit fragwürdigen bis grausamen Mitteln erreichen wollen, wollen viele von uns ebenfalls erreichen: mehr Geld, mehr Anerkennung, ausgleichende Gerechtigkeit, Revanche, Bewunderung, Spaß, den Kick oder die Macht.

Für diese Ziele gehen Menschen arbeiten, betreiben Social Media, engagieren sich sozial, kämpfen sich sonntags auf dem Tennisplatz ab, nehmen sich jüngere Liebhaberinnen und Liebhaber, lassen Drachen steigen, fahren Downhill oder flunkern im Job.

Wenn wir uns die Frage stellen wollen, ob nicht die Zeit gekommen ist, den Glauben an die Menschheit zu verlieren, sollten wir uns nicht bei der gesellschaftlichen Sonderausstellung der Strafverfolgung, sondern in der großen Dauergalerie unseres mehr oder weniger lauteren Miteinanders umsehen.

Der Straftäter entlastet uns. Er haut einen Pflock ein: Er macht sich strafbar und ist damit der Schuft. Bei einem Frauenanteil von allenfalls 20 Prozent der Verurteilten sei die männliche Ausdrucksweise an dieser Stelle verziehen. Ob Täterin oder Täter – sie bekommen allzu viel Aufmerksamkeit und bilden das abzulehnende Verhalten ab.

Wer zwar selbst nicht ehrlich ist, durchaus mogelt, nur an sich selbst denkt, über andere herzieht, sich selbst verkommen lässt oder ständig jammert und sich insgesamt eher wenig Mühe gibt, der kann zumindest eines behaupten: kein Straftäter zu sein. Dabei sind diese Grenzen fließend.

Straftaten geschehen da, wo Prävention versagte oder keine stattfand. Erfolgreiche Prävention verhindert Straftaten. Sie lässt die Murmel nicht bis zur Staatsanwaltschaft kullern. Und jedes Mal, wenn es Menschen in sozialen Berufen, wenn es Eltern, Lehrerinnen und Lehrern, Nachbarinnen oder Nachbarn gelingt, erfolgreich Prävention zu betreiben, bekommt der Glaube an die Menschheit ein weiteres Strichlein an der Tafel. Da können Staatsanwälte nicht mitreden. Wir kommen erst, wenn es zu spät ist.

Ich habe als junge Staatsanwältin einen Einführungskurs, den wir »Babytagung« nennen, mit einem jungen Kollegen besucht, der selbst als Jugendlicher mehrfach straffällig geworden war. Er ging klauen und kiffen und sagte nicht ohne den Stolz des Lebenserfahrenen: »Sie sind doch nicht die anderen.«

Genauso wenig, wie Sie eine Herzchirurgin fragen müssen, ob die Menschheit neue Herzen braucht, wird der Yogalehrer zu berichten wissen, ob selbige auf dem Weg zu sich selbst ist.

Mein Beruf hat eine hohe gesellschaftliche Anerkennung. Ich erfahre viel Wertschätzung, wenn ich höre: »Ihr Beruf ist so wichtig«, »Danke, dass Sie für Gerechtigkeit sorgen« oder »Es ist so cool, was du machst«.

Es gibt so vieles, das wichtiger ist als mein Beruf.

Wichtiger als mein Beruf ist Präventionsarbeit.

Wichtiger als mein Beruf ist es, Kindern und Jugendlichen eine persönliche, emotionale und berufliche Zukunft zu ermöglichen und nie den Glauben an sie zu verlieren.

Wichtiger als mein Beruf ist es, sich als Unternehmen vor einem Cyberangriff zu schützen.

Wichtiger als mein Beruf ist es, Menschen die Folgen ihres Tuns verständnisvoll näherzubringen. Wichtiger als mein Beruf ist es, ihnen eine zweite und dritte Chance zu geben.

Wichtiger als mein Beruf ist es zu erfahren, was Vergebung ist.

Wichtiger als mein Beruf ist jeder, der Hilfe anbietet, wenn ein Mensch den Halt verliert.

Wichtiger als mein Beruf ist es, nicht auf andere zu zeigen, sondern bei sich selbst anzufangen.

MENSCHENDENKEN

MEIN PLÄDOYER FÜR EINEN DIGITALEN HUMANISMUS IM RECHTSSYSTEM

Die Staatsanwaltschaft ist die Behörde, die durchgreift. Sie ist die Kavallerie des Rechts, die objektivste Behörde der Welt: Bilder der Macht, der staatlichen Konsequenz. Wo die Grenzen des gesellschaftlich Ertragbaren überschritten werden, schreitet die Staatsanwaltschaft ein. Doch wo die kriminelle Welt Neuland betritt, muss sie ihre eigenen Grenzen überwinden. Wie alle anderen Bereiche unseres gesellschaftlichen Lebens muss sich die Strafverfolgung dem Drängen der digitalen Transformation stellen.

Cybercrime strapaziert unser Bedürfnis nach Orientierung und Sicherheit, ist Teil des digitalen Wandels, der jede und jeden Einzelnen von uns herausfordert. Er schreitet so brutal voran, dass geübte gesellschaftliche Mechanismen wie der Ruf nach neuen Gesetzen zum Zeugnis unserer Einfallslosigkeit werden.

Erfolgreiche Cybercrime-Ermittlungen gehen nicht auf eine Gesetzeslage zurück, die darauf ausgerichtet wäre, technisch versiert vorgehende Täter zu fangen. Und während weiterhin die Aufgabe des Gesetzgebers bleiben muss, Schritt zu halten, besteht ein gesellschaftliches Mandat, nicht alleine im System nach Lösungen zu suchen.

Keiner der international beachteten Cybercrime-Fälle, die ich als Staatsanwältin begleiten durfte, gingen auf Formalia, Zuständigkeitserwägungen oder bestehende Strukturen zurück. Der Schlüssel zum Erfolg lag jedes Mal in mutigen Entscheidungen Einzelner, in ihren kreativen Lösungen, in einer auf gegenseitiges Vertrauen angelegten nationalen und internationalen Zusammenarbeit und nicht zuletzt in einer Arbeitsfreude, die mancher in diesem Berufsfeld kaum erwarten würde. Bei allen dieser Erfolge haben Menschen nicht einfach nur ihren Job gemacht, sondern Neues gedacht, Neues gebaut. Cybercrime-Fälle arbeitet man nicht einfach ab.

Unser Leben hat sich verlagert.

Aber zu viele von uns verschließen davor die Augen. Noch immer gibt es Unternehmensführer, die meinen, der Kelch eines Cyberangriffs ginge an ihnen vorbei. Sie rufen staatliche Einrichtungen an, besser aufgestellt zu sein. Anstatt diese Zeit und Energie in die eigene Cybersicherheit zu investieren.

Menschen haben Sorgen um ihre Daten und schreien pauschal nach dem Datenschutz. Doch füttern sie täglich, beinahe unaufhörlich, das Netz mit ihren Daten, sind nachlässig bei der Vergabe von Passwörtern und geben der Bequemlichkeit, jederzeit mit jedem kommunizieren zu können, mehr Raum als den bestehenden Möglichkeiten, persönliche Daten zu schützen, verantwortungsvoll mit ihnen umzugehen.

Jeder von uns hat einen Anteil daran. Und durch dieses Kollektivverhalten erzeugen wir nicht nur einen unaufhaltbar anwachsenden Datenstrom, sondern ermöglichen gemeinsam eine vermeintliche Parallelwelt, vor der wir uns nun fürchten. Wir haben einer Dynamik die Macht gegeben, die wir kaum noch einfangen, und ebnen damit Strukturen, die uns angreifen können, die uns ängstigen und die wir nicht mehr verstehen.

Es scheint so weit weg, was geschehen kann. Bis die eigenen Daten missbraucht werden, bis das Unternehmen angegriffen wird, bei dem man angestellt ist, bis der junge Mensch seinen Weg ins Darknet gefunden hat. Was maliziöse Schadsoftware kann, ist so erschreckend wie faszinierend. Wie bequem sich auf Darknet-Marktplätzen Drogen kaufen lassen, lässt uns erschaudern und gleichzeitig interessiert hinsehen. Dass konventionelle Kriminalität ins Netz abwandert, ist jedoch nur die logische Konsequenz unseres Lebenswandels.

Es gibt keine digitale Parallelwelt mehr, es gibt sie nur für diejenigen, die die Augen vor der Realität verschließen wollen.

Aber gibt es nicht den Staat, der aufpasst?

Strukturen, die besser werden müssen?

Die Frage ist: Wer soll das im Einzelnen sein?

In gelehrter Juristenrunde hörte ich das Anliegen, wie begrüßenswert es doch sei, dass sich Einzelne mit ihren guten Ideen für Schläge gegen die internationale Cybercrime einsetzten. Aber dass es doch an der Zeit sei, »Strukturen« zu schaffen, um es nicht mehr von diesen Einzelpersonen abhängig zu machen, wie gut wir aufgestellt seien.

Genau das ist der blinde Fleck.

Der Ruf an »das System«, der Auftrag an »die Struktur« oder »die Behörden«, er verhallt schon lange, weil dort keine Lösungen gefunden werden. Mit dieser Haltung blicken wir alle ratlos in eine Richtung, aus der nie eine Antwort kommen wird. Standardprozesse sind unerlässlich, aber sie lassen uns keine neuen Herausforderungen bewältigen.

Wer tut es dann?

Das Zeigen auf die anderen, auf die Straftäter, auf diejenigen, denen Fehler in Unternehmen unterlaufen sind, auf all die Mandatsträger, die doch etwas tun müssten, es lässt uns nicht nur Zeit verlieren. Es verschlimmert die Situation. Und wenn die notwendigen unkonventionellen Ideen geschaffen werden, aber an einzuhaltenden Dienstwegen, an Zuständigkeitsgerangel und Formalismus scheitern, dann ist das Zeugnis einer Abgehobenheit, die wir uns nicht mehr leisten können. Alle wiegen sich noch in Sicherheit, einer Sicherheit, die es schon lange nicht mehr gibt.

Aus all dem gibt es einen Ausweg, der unweigerlich über unwegsames Gelände führt. Unsere Bequemlichkeiten lähmen uns, denn eigentlich soll doch alles so weiterlaufen, wenn man bisher davonkam. Es ist angenehm, sich in einer Struktur aufgehoben zu fühlen. Aber es ist gemessen an dem, was gerade geschieht, das Abstellgleis.

Ich habe dieses Buch geschrieben, weil ich die Notwendigkeit sehe, dass wir einander Geschichten erzählen, die aufzeigen, wie wir uns dem Voranschreiten der Digitalisierung adäquat stellen können. Ein einziger Tag im November 2017 machte mich von einer Staatsanwältin zu einer Cyberstaatsanwältin, katapultierte mich in die Welt der Daten, der Nullen und Einsen. Damals galten Cybercrime-Ermittlungen als Pionierarbeit, als ein Schritt ins Ungewisse, ohne Leitplankensystem des Bundesgerichtshofs, ohne die Sicherheit, selbst eine Expertin zu sein.

Die Strafprozessordnung wurde nicht für den selbstverständlichen Umgang mit Daten und die nassforsche Dynamik der digitalen Welt konzipiert. Ich musste meine Rolle als Staatsanwältin neu definieren, auf einen fahrenden Zug ins Neuland aufspringen und musste mich tragen lassen von der Kompetenz der Menschen, die mich bis heute in die Lage versetzen, meinen Beruf auszuüben und in der Öffentlichkeit darüber zu sprechen: Ermittlerinnen und Ermittler, Cyberanalysten, IT-Forensikerinnen, Kryptowährungsexpertinnen und Softwareentwickler.

Was für die Justiz gilt, gilt auch für alle anderen Bereiche unseres gesellschaftlichen Lebens: So sehr es hoch spezialisiertes Nischenwesen braucht, so sehr braucht es Menschen, die mit dem bestehenden gesetzlichen Instrumentarium Neuland beschreiten. Die mutig sind, aber nicht verrückt. Es fühlt sich an, als würde man mit Gepäck für drei Tage eine Weltreise antreten. Doch genau das lässt den Raum für neue Lösungen zu. Die Radikalität, in der sich die Dinge verändern, zeigt, dass unsere Aufgaben keiner stringenten Erfüllungslogik mehr folgen.

Ein Ausweg aus der Erlahmung unserer Gesellschaft angesichts des digitalen Wandels sind der Mut und die Freude, an diesen Prozessen aktiv teilzuhaben. Mein Beruf ist so spannend, wie er klingt, weil ich mich nicht darauf beschränke, gegen Täter im Digitalen vorzugehen, weil ich nicht abarbeite, was morgens auf meinem Stapel liegt.

Sondern, weil ich es als meine Aufgabe ansehe, den Wandel mitzugestalten. Mich einzumischen, wo ich kann, um mit dem Beispiel, wie wir Cybercrime bekämpfen, einen gangbaren Weg aufzuzeigen, den digitalen Wandel gut zu schaffen. Ich bin umgeben von Menschen, die Ähnliches tun.

Die digitale Transformation unserer Gesellschaft ist nur in zweiter Linie eine Frage der maschinellen Umsetzung. Sie ist in erster Linie eine menschliche Angelegenheit. Die Angst der Menschen vor den Daten blockiert viele Prozesse. Daten sind Sprache, Instrument und Dokumentation zugleich. Sie sind das Problem und die Lösung.

Maschinen und Gesetze können Angst nicht überwinden. Das können nur wir selbst. Es wird gelingen, wenn das Vertrauen in datenbasiertes Arbeiten in einer Form menschlicher Fachlichkeit übermittelt wird.

Ich wurde nicht durch mein Studium in die Lage versetzt, meinen Job als Cyberstaatsanwältin gut zu machen. Es waren und sind die Menschen um mich herum, die mir behutsam, vertrauensvoll und mit viel Nachsicht den Umgang mit den Daten näherbrachten. Für deren zukunftsweisende Ideen ich heute meinen juristischen Sachverstand einsetzen darf.

Doch Mut, Menschlichkeit und gute Ideen sind nicht genug. Die Entscheidung zu radikal datenbasiertem und datenverständnisorientiertem Arbeiten muss fallen, sonst werden die Folgen fatal sein. Die Strafverfolgung jedenfalls droht sonst in einer Bedeutungslosigkeit zu versinken. Und die Lösung hierzu liegt nicht in einer Anklage, die den Blick auf bestehende Umstände richtet. Dort, wo datenbasiertes Arbeiten eine Selbstverständlichkeit ist, wird schon jetzt die Digitalisierung der Strafverfolgung vorgedacht und vorgelebt: Cybercrime-

Ermittlungen sind der Maschinenraum für eine zeitgemäße Polizei und Justiz.

Die Welt hat sich für uns alle verändert. Mein Beruf bildet einen Teil des gesellschaftlichen Wandels ab, in dem die uralte Frage der Gerechtigkeit auf das Drängen der voranschreitenden Digitalisierung trifft. Hochmoderne Cybercrime-Bekämpfung wirft antike Fragen auf. Der menschliche Abgrund und die Staatsmacht: Diese beiden Schwergewichte treten auch hier wieder gegeneinander an. Die Strafjustiz ist zu einem Drehkreuz zwischen dem Menschen, dem Recht und den Daten geworden.

Der datenbasierte Fernzugriff auf nahezu alle Lebensbereiche entkoppelt uns, nimmt uns die Unmittelbarkeit. Ohne sie entfremden wir uns voneinander, machen uns angreifbar und schaffen selbst neue Möglichkeiten des Missbrauchs. Mit digitalem Fortschritt mitzuhalten, ist ein unumstößliches Erfordernis, aber es darf nicht das alleinige Ziel sein. Sonst verlagert sich unsere Orientierungslosigkeit bloß weiter ins Digitale. Auch das beste Tool, eine verträgliche KI, der cleverste Techansatz ersetzen einen nicht: den Menschen.

Die Demokratie ist einmal als humanistisches Konzept angetreten. Aus diesem Grund dürfen die Bewältigung großer Datenmengen und der Einsatz von zeitgemäßen Technologien nicht zum Selbstzweck werden.

Vielleicht haben wir eines Tages alle Maschinen, die wir brauchen, sind aber so abgehängt wie zuvor. Wir dürfen den Menschen nicht vergessen.

Daten, Tools und technische Lösungen müssen uns dienen.

Und nicht wir ihnen.

ÜBER DIE AUTORIN

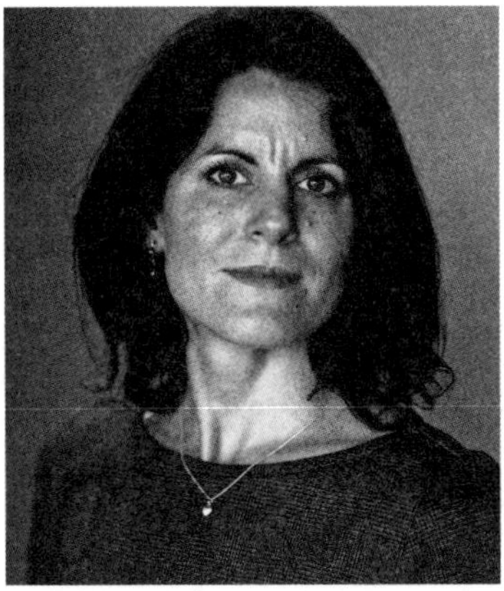

Jana Ringwald ist Oberstaatsanwältin bei der Zentralstelle zur Bekämpfung der Internetkriminalität (ZIT) der Generalstaatsanwaltschaft Frankfurt am Main und war an zahlreichen international beachteten Takedowns von Darknet-Marktplätzen beteiligt. Mit ihrem Team ermittelt sie im Falle von Cyberattacken gegen deutsche Unternehmen und stellte illegal erlangte Kryptowährungen in dreistelliger Millionenhöhe sicher. Sie ist Kolumnistin beim »Tagesspiegel Background Cybersecurity«, eine gefragte Keynote-Speakerin und vertritt das Bundesministerium der Justiz im European Judicial Cybercrime Network bei Eurojust in Den Haag. Im November 2023 erhielt sie den EMOTION Award in der Kategorie »Frauen in Digitalisierung«.

Druckprodukt mit finanziellem
Klimabeitrag
ClimatePartner.com/12752-1803-1001

Zum Ausgleich für die entstandene CO_2-Emission bei der Produktion dieses Buches unterstützen wir die Bereitstellung von effizienten Kochöfen in Sambia. Die verbesserten Kochöfen verbrauchen zwei Drittel weniger Brennmaterial und verringern so nicht nur den CO_2-Ausstoß, sondern auch die Rodung der lokalen Wälder. Durch die bessere Luftqualität in den Räumen werden Atemwegserkrankungen verringert, und Familien können Zeit und Geld sparen, da weniger Brennmaterial benötigt wird.

Bibliografische Information der Deutschen Nationalbibliothek
Die Deutsche Nationalbibliothek verzeichnet diese Publikation in der Deutschen Nationalbibliografie; detaillierte bibliografische Daten sind im Internet über http://dnb.de abrufbar.

Druck: Steinmeier GmbH & Co. KG, Deiningen
Printed in Germany

ISBN 978-3-86774-800-1

Besuchen Sie uns im Internet: www.murmann-publishers.de
Ihre Meinung zu diesem Buch interessiert uns!
Zuschriften bitte an info@murmann-publishers.de
Den Newsletter des Murmann Verlages können Sie anfordern unter newsletter@murmann-publishers.de